필독 고사성어사전

신라출판사

책머리에

　우리나라는 아주 오랜 세월부터 한자를 사용해 왔으며, 미래를 향해 숨가쁘게 달리고 있는 오늘 또한 실생활에서 한자를 많이 사용하고 있다. 한자 폐지 운동이 있었는가 하면, 얼마 못 가 다시 한자 부활 운동이 일어나기도 했다. 그만큼 한자는 우리 실생활 깊은 곳에 뿌리를 내리고 있기 때문에 도외시할 수 없는 일이기 때문이다.

　우리는 실생활 속에서 알게 모르게 고사성어와 숙어를 많이 사용하고 있다. 그러나 그 진의를 알고 적절한 곳에 사용하고 있는 경우는 극히 드물 것이다. 고사성어는 오랜 역사 속에서 체험한 삶의 지혜와 처세를 함축적인 의미로 응축시켜 놓은 것이다. 그렇기 때문에 하나 하나의 고사성어에 담긴 의미를 제대로 파악하지 못하고 사용하여 실수를 범하는 경우를 종종 발생하게 된다.

　그럼 고사성어(古事成語)란 무었일까?

　고사(古事)는 예부터 전해 내려오는 실재하는 일화를 지니고 있지만, 성어(成語)는 옛사람이나 현대인들이 만들어 널리 사용하고 있는 말이라 할 수 있다. 즉 '옛날의 어떤 유래와 사건으로 만들어져 실생활 속에서 쓰여지고 있는 말이다.'

　현대를 살아가고 있는 우리는 고사성어와 숙어를 다소 어렵고 고리타분한 추물로 여겨 의식적으로 거부하고 멀리하는 경우가 있다. 그러나 고사성어에 담겨 있는 선현들의 삶의 지혜와 해학은 아무리 오랜 세월이 흘러도 그 빛이 바래지지는 않을 것이다.

　아무쪼록 이 책이 미래를 개척하는 여러분의 지침서가 되어주기를 바라는 마음 간절하다.

ㄱ

가가대소/呵呵大笑

껄껄거리며 크게 웃음.

가급인족/家給人足

집집마다 생활이 넉넉하고 사람마다 의식에 부족함이 없이 세상이 융성함.

가기이기방/可欺以其方

그럴듯한 방법으로 남을 속일 수 있음.

가담항어/街談巷語

길거리나 항간에 떠도는 소문.

가동주졸/街童走卒

①길거리에 노는 철없는 아이들. ②떠돌아다니는 상식 없는 사람들.

가렴주구/苛斂誅求

조세를 가혹하게 징수함.

가부득감부득/加不得減不得

더할 수도 없고 덜할 수도 없음.

가빈사양처/家貧思良妻

집안이 가난해지면 어진 아내를 생각한다는 뜻이니, 넉

넉히 지낼때와는 달리 곤궁한 지경에 이르면 어진 관리
자를 생각하게 된다는 말.

가빈친로/家貧親老
집이 가난하고 어버이가 늙었을 때는 그 봉양을 위해서 마땅치
않은 벼슬자리라도 해야 한다는 말.

가언선행/嘉言善行
좋은 말과 착한 행실을 일컬음.

가유호세/家諭戶說
집집마다 깨우쳐 일러주어 알아듣게 함.

가인박명/佳人薄命
여인의 용모가 지나치게 빼어나고 재주가 많으면 운명이 기박하
다는 뜻.

가정맹어호/苛政猛於虎
포악하고 무분별한 정치 제도는 백수의 왕인 호랑이보다도 더 무
섭다는 뜻.

가추불외양/家醜不外揚
집안의 부끄러운 일은 밖에 드러내어 말하지 않음.

가화만사성/家和萬事成
집안이 화목하면 모든 일이 다 잘 이루어진다는 뜻.

각골난망/刻骨難忘
은혜에 대한 고마운 마음이 뼈에 새겨져 잊혀지지 않음.

각골통한/刻骨痛恨
뼈에 사무치게 마음 속 깊이 맺힌 원수.

각로청수/刻露淸秀
가을의 맑고 아름다운 경치를 말함.

각심소원/各心所願

사람마다 원하는 바가 같지 아니함.

각자무치/角者無齒

뿔이 있는 사람은 이가 없다는 뜻으로, 한 사람이 모든 재주나 복을 겸할 수 없음을 이름.

각자위정/各自爲政

사람마다 제각기 마음을 따로 품어 전체와의 조화나 타인과의 협력을 고려하지 않는 것을 뜻한다.

각주구검/刻舟求劍

칼을 강물 한복판에 떨어뜨리자 뱃전에 표시를 해두었다가 나중에 배가 움직인 것은 생각지도 않고 표시해 두었던 곳에서 칼을 찾는다는 뜻으로, 사람이 미련해서 융통성이 없음을 비유한 말.

각축/角逐

서로 이기려고 다투며 덤벼듦. 승리를 위하여 경쟁함.

간과/干戈

방패와 창으로 전쟁을 일컬음.

간난신고/艱難辛苦

갖은 고초를 겪어 몹시 힘들고 괴로움.

간뇌도지/肝腦塗地

몸의 간과 머리의 뇌가 흙에 범벅이 되었다는 뜻으로, 참살을 당하였다는 말.

간담상조/肝膽相照

서로의 간과 쓸개를 꺼내 보인다는 뜻으로, 서로의 마음을 터놓고 격의 없이 지내는 사이를 일컫는 말.

간담초월/肝膽楚越

착안 여하에 따라 간담처럼 가까운 사이에도 서로 멀리 떨어져 관계가 없는 사이를 이룸을 일컫는 말.

간목수생/乾木水生

바싹 마른 나무에서 물을 짜내듯이, 아무것도 없는 사람에게 내놓으라고 요구함.

간불용발/間不容髮

머리털 하나 들어갈 틈이 없을 정도로 사태가 대단히 위급해 조그마한 여유도 없음을 비유하는 말.

간성지재/干城之材

뛰어난 무예(武藝). 또는 나라를 지키는 믿음직한 인재를 말함.

간세지재/間世之材

여러 세대만에 나는 드문 인재.

간어제초/間於齊楚

강한 자들의 틈에 끼여 괴로움을 받는 것을 가리키는 말.

간운폐일/干雲蔽日

구름을 찌르고 해를 덮는다는 뜻으로, 큰 나무를 비유하여 이르는 말.

갈불음도천수/渴不飮盜泉水

목이 말라도 '도천(盜泉)'이란 나쁜 이름의 샘물은 마시지 말라는 뜻으로, 어떠한 곤경을 당할지라도 의롭지 않은 일은 하지 말라고 이르는 말.

갈이천정/渴而穿井

목이 말라야 스스로 우물을 판다는 뜻으로, 일을 미리 준비하여 두지 않고 급히 하면 이미 때가 늦어 일이 되지 않는다는 뜻.

감언이설/甘言利說

남의 비위에 맞게 꾸미거나 이로운 조건을 내세워 그럴 듯하게 꾀는 말.

감언지지/敢言之地

거리낌없이 말할 만한 자리.

감지공친/甘旨供親

맛 좋은 음식으로 부모를 대접함.

감지덕지/感之德之

분수에 넘치는 듯싶어 몹시 고맙게 여김.

감탄고토/甘呑苦吐

달면 삼키고 쓰면 뱉는다는 뜻으로, 신의 없이 사리를 꾀함.

갑론을박/甲論乙駁

자기 주장만 내세우고 남의 주장은 반박함.

강구연월/康衢煙月

태평한 시대의 평화로운 풍경.

강장하무약병/强將下無弱兵

강한 대장 밑에는 약한 병졸이 없다는 말.

강호지락/江湖之樂

자연을 벗삼아 누리는 즐거움.

개과천선/改過遷善

지나간 허물을 고치고 착하게 변화되는 것을 뜻한다.

개문납적/開門納賊

문을 열고 도둑을 불러들인다는 뜻으로, 스스로 재화를 이끌어
들임을 이름.

객반위주/客反爲主

주객이 전도된 경우를 이름.

객창한등/客窓寒燈

객창에 쓸쓸히 비치는 등불로 외로운 나그네 신세를 일컬음.

거두절미/去頭截尾

어떤 사실의 앞뒤 사설은 떼어 버리고 요점만 말함.

거안제미/擧案齊眉

밥상을 눈썹과 가지런하도록 공손히 들어 남편 앞에 가지고 간다는 뜻으로, 아내가 남편을 극진히 공경하여 받드는 것을 비유한 말.

거일반삼/擧一反三

한 일을 미루어 모든 일을 헤아림.

거자불추내자불거/去者不追來者不拒

가는 사람 붙잡지 않고, 오는 사람 막지 않는다는 뜻.

거자일소/去者日疎

멀리 떠난 사람이나 죽은 사람에 대한 생각은 날이 갈수록 점점 잊혀진다는 뜻.

거재두량/車載斗量

수레에 싣고 말에 실을 만큼 매우 많음.

건곤일척/乾坤一擲

하늘과 땅을 한 번에 내던진다는 뜻으로, 운명과 흥망을 걸고 단판걸이로 승부나 성패를 겨루는 것을 말함.

건목수생/乾木水生

마른 나무에서 물이 난다는 뜻으로, 없는 것을 무리하게 강요함을 비유. 이치에 맞지 않음을 비유.

걸해/乞骸

늙은 재상이 나이가 많아 관청에 출근하지 못하게 될 때 임금에게 그만두기를 청함.

격세지감/隔世之感

너무 많이 변해서 마치 다른 세상이 된 듯한 느낌.

격화소양/隔靴搔痒

신을 신고 가려운 데를 긁는다는 뜻으로, 아무리 해도 일의 효과를 얻지 못한다는 뜻.

견리사의/見利思義
눈앞에 이익이 보일 때 의리를 생각함.

견마지로/犬馬之勞
개나 말의 노력이라는 뜻으로, 자기의 노력이나 공로를 낮추어서 하는 말.

견마지양/犬馬之養
부모를 소홀히 대접하고 공경치 않음을 두고 하는 말.

견물생심/見物生心
막상 실제로 물건을 보면 욕심이 생김.

견여금석/堅如金石
서로 맺은 언약이나 맹세가 금석처럼 굳음.

견위수명/見危授命
나라가 위급할 때 목숨을 아끼지 않고 나라를 위해 싸우는 것을 뜻함.

견인불발/堅忍不拔
굳게 참고 견뎌 마음을 빼앗기지 않음.

견토방구/見兎放狗
토끼를 발견한 후에 사냥개를 풀어놓아서 잡게 하여도 늦지 않음. 일이 일어남을 기다린 후에 응하여도 좋다는 뜻.

견토지쟁/犬兎之爭
개와 토끼의 다툼이라는 말로, 양자의 싸움에 제삼자가 이익을 보는 것을 비유한 말.

결자해지/結者解之
맺은 자가 풀어야 한다는 뜻으로, 자기가 저지른 일은 자기가 해결해야 한다는 말.

결초보은/結草報恩

  풀을 엮어서 은혜를 갚는다는 뜻으로, 죽어 혼령이 되어도 은혜를 잊지 않고 꼭 갚는 것을 말.

겸인지용/兼人之勇

  혼자서 능히 몇 사람을 당해 낼 만한 용기.

경거망동/輕擧妄動

  경솔하고 망령되게 행동함.

경국지색/傾國之色

  임금이 혹하여 나라가 뒤집히어도 모를 만큼 뛰어난 미인이란 뜻으로, 나라 안의 으뜸가는 미인을 가리키는 말.

경국지재/經國之才

  나라 일을 경륜할 만한 재주, 또는 그런 재주를 가진 사람.

경륜지사/經綸之士

  정치적이거나 조직적인 일에 수완이 좋은 유능한 사람.

경세제민/經世濟民

  세상을 다스리고 백성을 구제함.

경이원지/敬而遠之

  겉으로는 공경하는 체하지만 속으로는 멀리함. 공경하기는 하되 가까이 지내지는 않음.

경천동지/驚天動地

  하늘이 놀라고 땅이 흔들릴 정도로 세상이 몹시 놀라거나 기적 같은 것이 일어남을 이르는 말.

경화수월/鏡花水月

  거울에 비친 꽃과 물 위에 비친 달로서, 말로 표현할 수 없는 묘취(妙趣)를 비유.

경황망조/驚惶罔措

놀라고 두려워 어리둥절하며 어찌할 바를 모름.

계고지력/稽古之力
학문이 넓고 지식이 많음.

계구우후/鷄口牛後
닭의 부리는 될지언정 소의 꼬리는 되지 말라는 뜻으로, 큰 단체의 꼴찌가 되어 뒤쫓는 것보다는 작은 단체의 우두머리가 되라는 말.

계란유골/鷄卵有骨
계란에 뼈가 있다는 말로, 공교롭게 일이 방해됨.

계륵/鷄肋
①닭의 갈비뼈로, 그다지 가치는 없으나 버리기 아까운 사물을 일컫는 말. ②몸이 몹시 연약함.

계명지조/鷄鳴之助
어진 아내의 내조를 이르는 말. 옛 임금의 어진 비(妃)는 새벽이면 반드시 왕께 말하여 닭이 울었으니 아침임을 권하여 밝은 정사를 하게 도왔다 함.

고굉지신/股肱之臣
임금이 자신의 팔다리처럼 가장 아끼고 신임하는 신하.

고군약졸/孤軍弱卒
고립되고 힘 없는 군사. 아무도 돌보아 줄 사람 없는 외롭고 힘없는 사람을 이름.

고독지옥/孤獨地獄
너무도 외로워서 지옥과 같이 고독한 심경.

고량자제/膏粱子弟
고량진미(膏粱珍味), 즉 기름진 고기와 좋은 곡식으로 만든 음식을 먹은 자제라 함이니, 부귀한 집에서 자라 고생을 모르는 사람을 이르는 말.

고복격양/鼓腹擊壤

배를 두드리고 땅을 치면서 홍겨위한다는 뜻으로, 태평 성대를
가리키는 말.

고분지통/鼓盆之痛

아내가 죽은 설움.

고식지계/姑息之計

당장의 편안함만을 꾀하는 일시적인 변통.

고운야학/孤雲野鶴

외로운 구름이요 들의 학으로, 속세를 떠나 숨어 사는 은사(隱士)
를 가리키는 말.

고육지계/苦肉之計

적을 속이기 위해 자신의 몸의 희생을 무릅쓰고 꾸미는 계책.

고자과학/孤雌寡鶴

짝을 잃은 새. 곧 남편이나 아내를 잃은 사람의 비유.

고장난명/孤掌難鳴

손바닥 하나로는 소리를 내지 못한다는 말로, 혼자서는 일하기
어려움을 나타냄. 또는 서로 같으니까 싸움이 된다는 뜻.

고제왕이지래/告諸往而知來

①지나간 일을 이야기함으로써 앞으로 다가올 일을 알아차린다
는 뜻. ②하나를 말하면 둘을 안다는 뜻.

고주일배/苦酒一杯

①한 잔의 쓴 술. ②대접하는 술이 변변치 못하다 하여 겸손하게
이르는 말.

고중작락/苦中作樂

괴로움 속에도 즐거움이 있다는 뜻.

고진감래/苦盡甘來
  쓴 것이 다하면 단 것이 온다는 말로써, 고생 끝에 즐거움이 옴.

고침안면/高枕安眠
  베개를 높이 하여 편히 잠을 잔다는 뜻으로, 근심이 없고 안심할
수 있는 상태를 가리키는 말.

고혈단신/孤子單身
  혈육이 없는 외로운 홀몸.

곡굉이침지/曲肱而枕之
  팔을 굽혀 베개 삼아 벤다는 말이니, 청빈을 즐긴다는 말.

곡부득이소/哭不得已笑
  울어야 할 것을 마지못해 웃는다는 뜻으로, 어쩔 수 없이 그 일
을 하게 된 때를 이름.

곡불욕이백/鵠不浴而白
  따오기는 목욕을 하지 않아도 희다 함이니, 천성이 아름다운 사
람은 배우지 않고도 착하고 훌륭하다는 뜻.

곡지통/哭之痛
  매우 구슬프게 욺. 목을 놓아 슬프게 욺.

곡학아세/曲學阿世
  학문을 왜곡하여 세상 사람에게 아첨한다는 뜻으로, 정도를 벗어
난 학문으로 세상에 아첨함을 말함.

곤궁이통/困窮而通
  궁하면 통한다는 뜻.

곤수유투/困獸猶鬪
  쫓긴 짐승이 사람을 향해 덤벼듦.

곤이득지/困而得之
  학문 등을 고생 끝에 성취함.

곤이지지/困而知之

　지식 등을 고생하며 공부한 끝에 얻음.

곤재핵심/困在核心

　어찌할 도리가 없이 처지가 매우 곤란함.

골육상잔/骨肉相殘

　친족간에 서로 해치고 죽이고 함.

골육지친/骨肉之親

　①뼈와 살이 서로 떨어질 수 없는 것과 같은 깊은 관계로, 부모
와 자식・형제 등 가까운 혈족을 말함. ②혈통이 같은 것.

공과상반/功過相半

　공로와 허물이 서로 반반임.

공불승사/公不勝私

　공(公)은 사(私)를 이기지 못함이니, 공사에도 사정(私情)이 끼게
된다는 말.

공사/貢士

　재덕과 학식이 높은 지방의 선비를 임금에게 천거해 올림.

공사양편/公私兩便

　공사(公事)로든지 사사(私事)로든지 다 잘되었다는 뜻.

공산명월/空山明月

　빈 산에 외로이 비치는 밝은 달로, 대머리를 놀리는 말.

공석불난/孔席不暖

　한 군데 오래 머무르지 않고 왔다갔다함을 이름.

공수래공수거/空手來空手去

　빈손으로 왔다 빈손으로 간다는 뜻으로, 사람이 세상에 태어났다
가 허무하게 죽는다는 말.

공언무시/空言無施

빈말만 하고 실천이 없음.

공염불/空念佛

①신심(信心)없이 입 끝으로만 외는 헛된 염불. ②아무리 타일러
도 허사가 되는 말.

공옥이석/攻玉以石

옥을 가는데 돌로써 함은 천한 물건으로 귀한 물건을 수리한다
는 뜻.

공왈성인/孔曰成仁

공(孔)은 공자, 성인은 살신이성인(殺身以成仁)의 약칭으로써, 즉
생명을 바쳐 심덕(心德)을 온전하게 이룸.

공재공망/公才公望

정승이 될 만한 재덕과 인망이 있음을 이름.

공전도지/公傳道之

비밀로 하여야 할 일을 공개하여 퍼뜨림.

공전절후/空前絶後

비교할 만한 것이 이전에도 없고 이후에도 없음을 이르는 말.

공중누각/空中樓閣

공중에 누각을 짓는 것처럼, 근거가 없는 가공의 사물을 가리키
는 말.

공평무사/公平無私

조금도 사사로운 마음이 없음.

공행공반/空行空返

행하는 것이 없으면 제게 돌아오는 소득도 없다는 말.

과공비례/過恭非禮

지나친 공손은 오히려 예에서 벗어난다는 말.

과두시사/蝌蚪時事

올챙이 적의 일이라는 뜻으로, 발전된 현재에 비해 뒤떨어진 과거의 일이라는 뜻.

과목불망/過目不忘

한번 본 것은 결코 잊어버리지 않음.

과목성송/過目成誦

어떤 책이든 한 번 읽으면 곧 왼다는 뜻으로, 기억력이 썩 좋음.

과문불입/過門不入

아는 사람의 문 앞을 지나면서도 들어가지 않음.

과분지망/過分之望

분수에 넘치는 욕망.

과유불급/過猶不及

정도를 지나침은 미치지 못한 것과 같음.

과인/寡人

덕이 없는 사람이란 뜻으로, 임금이 자기를 낮추어 하는 말.

과인지력/過人之力

보통 사람보다 훨씬 센 힘.

과전불납리/瓜田不納履

오이 밭에서 신을 고쳐 신지 말라는 뜻으로, 오해받기 쉬운 일은 하지 말라는 뜻.

관감흥기/觀感興起

눈으로 보고 감동하며 귀로 듣고 분기(奮起)함.

관동지별/冠童之別

어른과 아이의 구별.

관불이신/官不移身

오랫동안 벼슬살이를 함.

관왕이지래/觀往以知來

과거의 일을 살피어 미래를 미루어 짐작한다는 말.

관인대도/寬仁大度
너그럽고 어질며 도량이 넓음을 이름.

관자여도/觀者如堵
구경하는 사람이 많아 마치 담장처럼 쭉 줄지어 늘어서 있음.

관중규표/管中窺豹
보는 시야가 좁고 작음.

관포지교/管鮑之交
관중(管仲)과 포숙아(鮑叔牙)의 우정을 얘기한 것으로, 친구 사이의 매우 다정하고 허물없는 교우 관계를 일컫는 말.

관홍뇌락/寬弘磊落
마음이 너그럽고 크며 선선하여 사소한 일에 거리끼지 아니함.

괄목상대/刮目相對
눈을 비비고 상대방을 본다는 뜻으로, 남의 학식이나 재주 등이 놀랄 만큼 향상되었음을 일컫는 말.

광담패설/狂談悖說
이치에 맞지 않고 허황되며 도의에 어긋나는 말.

광대무편/廣大無遍
넓고 커서 끝이 없음.

광세지도/曠世之度
세상에 아무도 없는 것처럼 멸시하는 도량(度量).

광세지재/曠世之才
세상에서 보기 드물게 비범한 재주, 또는 그런 재주를 가진 사람.

광언망설/狂言妄說
이치에 맞지 않는 엉뚱하고 허망한 말.

광음사서수/光陰似逝水

흘러가는 물과 같이 빠른 세월.

광음여류/光陰如流

세월이 가는 것이 물의 흐름처럼 빠름.

광일지구/曠日持久

헛되이 세월만 보냄.

광풍제월/光風霽月

비가 갠 뒤의 바람과 달이란 뜻으로, 마음결이 명쾌하고 집착이 없으며 쇄락(灑落)함.

교교월색/皎皎月色

매우 맑고 밝은 달빛.

교룡득운우/蛟龍得雲雨

영웅이 일조(一朝)에 때를 만나면 곧 세력을 얻어 패업(霸業)을 이룬다는 비유.

교목세가/喬木世家

여러 대에 걸쳐 중요한 벼슬을 지내고 내려와, 자기 집안의 운명을 그 나라의 운명과 함께 하는 집안.

교문작자/咬文嚼字

말이 한결 같지 않고 중언부언(重言復言) 지껄임.

교발기중/巧發奇中

교묘하게 말을 꺼내어 이상스럽게도 들어맞춘다는 뜻.

교사불여졸성/巧詐不如拙誠

교묘하게 남을 속이는 것보다는 옹졸한 성심이 낫다는 말.

교송지수/喬松之壽

교송의 수명처럼 오래 삶을 이르는 말.

교아절치/咬牙切齒

이를 갈고 몹시 분해한다는 뜻.

교언난덕/巧言亂德

　꾸며대는 말은 시비를 어지럽게 하고 도덕을 괴란시킨다는 뜻.

교언영색/巧言令色

　타인의 환심을 사기 위해 교묘한 말과 보기 좋게 꾸미는 표정을
가리킨다.

교왕과직/矯枉過直

　굽은 것을 바로 잡으려다 지나치게 곧게 함.

교유부잡/交游不雜

　친구 등을 올바르게 사귐.

교자이의방/敎子以義方

　자식을 교육시킴에는 정의로써 해야 함.

교자졸지노/巧者拙之奴

　재주 있는 사람이 어리석은 사람에게 쓰이게 됨을 이름.

교절불출악성/交絶不出惡聲

　군자는 절교한 후에도 그 사람의 악사(惡事)를 말하지 않음.

교주고슬/膠柱鼓瑟

　고지식하여 변통성이 전혀 없음.

교지불여졸속/巧遲不如拙速

　일을 진행함에 있어서 교묘하게 하려다 늦어짐은 오히려 서투른
솜씨라도 빨리 해치우는 것만 못하다는 말.

교천언심/交淺言深

　교제한 지는 얼마 안되지만 서로 심중을 털어놓고 이야기함.

교칠지교/膠漆之交

　아교와 옻칠과 같은 매우 친밀한 사귐.

교토삼굴/狡兎三窟

　교활한 토끼는 숨을 굴을 세 개를 준비한다는 뜻으로, 교묘하게

잘 숨는 사람을 비유.

교학상장/敎學相長

가르치거나 배우거나 모두 나의 학업을 증진시킨다는 뜻.

구각춘풍/口角春風

남을 수다스럽게 칭찬하여 즐겁게 해 준다는 뜻으로, 남을 칭찬하는 말.

구강지화/口講指畵

말로 설명하고 손으로 그려가면서 자세하게 가르쳐 줌.

구경부정/究竟不淨

사람이 죽어서 파묻히면 흙이 되고 벌레가 먹으면 똥이 되고 불에 타면 재가 되므로 신체의 마지막은 깨끗하지 못하다는 뜻.

구곡간장/九曲肝腸

굽이굽이 서린 창자라는 뜻으로, 깊디깊은 마음 속.

구교지간/舊交之間

오래 전부터 사귀던 사이.

구로일/劬勞日

자기를 낳아 키우기에 고생한 부모의 은혜를 생각하여 자기의 생일을 이르는 말.

구마지심/狗馬之心

개나 말이 주인에게 충성을 다하는 참된 마음이라는 뜻으로, 자기의 진심을 낮추어 이르는 말.

구명도생/救命圖生

구차하게 겨우 목숨을 보전하여 살아감. 근근이 목숨만 이어나감.

구무소식/久無消息

오래도록 편지나 연락이 없음.

구무완인/口無完人

누구에게나 좋게 말하지 않고 흠점만을 꼬집어 들추어내는 버릇이 있는 사람을 욕으로 이르는 말.

구무택언/口無擇言

하는 말이 다 착하면 고를 것이 없다는 뜻.

구미속초/狗尾續貂

개꼬리를 노란 담비 꼬리에 잇는다는 뜻으로, 훌륭한 것 뒤에 보잘 것 없는 것이 잇따름.

구밀복검/口蜜腹劍

입에는 꿀을 담고 뱃속에는 칼을 지녔다는 뜻으로, 겉으로는 친절한 듯하나 마음 속으로는 해칠 생각을 품는 것을 비유한 말.

구변이호세/口辨而戶說

사람마다 일러주고 집집마다 달래어 말함.

구복지루/口腹之累

먹고 사는 것에 대한 걱정이란 뜻.

구사불첨/救死不瞻

곤란이 몹시 심하여 다른 일을 돌아볼 겨를이 없음.

구상유취/口尙乳臭

입에서 아직 젖내가 난다는 뜻으로, 말과 행동이 유치함을 얕잡아 일컫는 말.

구색친구/具色親舊

몹시 다정하게 사귄 친구가 아닌 널리 사귀어서 생긴 각 방면의 친구.

구설/口舌

남의 입에 오르내려 시비하거나 비방하는 말.

구설부득/究說不得

이치에 어긋난 일을 추구하면 오히려 이해하기 어려움.

구세동거/九世同居

구 대(九代)가 한 집안에서 산다는 뜻으로, 집안이 화목함을 가리키는 말.

구수/鳩首

비둘기가 머리를 숙여 모이를 쪼아먹듯 여럿이 머리를 맞댐.

구수/丘首

여우는 한평생 구릉에 굴을 파고 살며 죽을 때에는 반드시 머리를 언덕 쪽으로 두고 죽는다는 뜻으로, 그 근본을 잊지 않음을 비유한다. 그러므로 사람도 그 근본을 잊지 말라는 비유.

구시심비/口是心非

말로는 옳다 하고 마음 속으로는 그르게 여김.

구십춘광/九十春光

봄의 석 달 동안을 이르는 말.

구약현하/口若懸河

흐르는 물과 같이 거침없이 말을 전한다는 뜻.

구연세월/苟延歲月

구차하게 세월을 보냄.

구염오속/舊染汚俗

오래 전부터 배어 든 더러운 풍속.

구외불출/口外不出

말을 입 밖에 내지 않음. 곧 비밀을 지킴의 비유.

구우일모/九牛一毛

아홉 마리 소 중에서 뽑힌 한 개의 털을 말하는 것으로, 썩 많은 것 중에서 매우 적은 것을 일컫는다.

구우지감/舊雨之感

옛 친구를 추모하는 정.

구육미랭/柩肉未冷

관 속의 시체가 아직 체온이 있어 식지 않았다는 뜻으로, 죽은
지 얼마 안 됨의 뜻.

구이지학/口耳之學

귀로 들은 것을 그대로 남에게 이야기할 뿐 조금도 제것으로 만
들지 못한 학문.

구일척안/具一隻眼

한 개의 눈을 갖추었다는 뜻으로, 보통 사람이 따를 수 없는 특
이한 감식(鑑識)이 있음을 이름.

구임책성/久任責成

오랫동안 일을 맡겨 그 직책을 다하게 함.

구자관야/口者關也

입은 관문(關門)과 같은 것으로 함부로 놀려서는 안 된다는 말.

구전문사/求田問舍

자기의 논밭과 가옥 따위 재산만 안다는 뜻에서, 원대한 뜻이 없
음에 비유하여 이르는 말.

구전심수/口傳心授

입으로 가르쳐 주고 마음으로 전함.

구전지훼/求全之毁

자기의 몸을 수양하여 완전하게 하려던 것이 뜻밖에 남으로부터
욕설을 들음을 이르는 말.

구절양장/九折羊腸

아홉 번 꺾어진 양의 창자라는 뜻으로, ①험하고 꼬불꼬불한 산
길을 가리킴. ②세상이 복잡하여 살아가기 어렵다는 뜻.

구절판/九折坂

비탈길이 꼬불꼬불한 것을 이름. 또 대단히 험준한 곳을 이름.

구주필벌/口誅筆伐

①말이나 글로 권선징악의 뜻을 나타내는 일. ②말이나 글로 남의 잘못을 폭로하는 말.

구중궁궐/九重宮闕

누구나 함부로 드나들 수 없도록 문을 겹겹이 달아 막은 깊은 대궐.

구지부득/求之不得

구하려고 하여도 얻지 못함. 얻으려야 얻을 수 없음.

구지유도/求之有道

사물을 탐구함에 있어서 그 방법이 있음을 이름.

구태의연/舊態依然

예나 이제나 조금도 변함없이 여전함.

구폐생폐/救弊生弊

폐해를 바로잡으려다가 도리어 폐해를 일으킴.

구혈미건/口血未乾

맹세할 때 입에 묻은 피가 아직 마르지 않았다는 뜻으로, 맹세한 지가 오래되지 않음의 비유.

구화양비/救火揚沸

불을 끄기 위해 끓는 물을 뿌리면 더욱 형세가 위급해진다는 말.

구화지문/口禍之門

말을 삼가도록 경계하는 말로, 화는 입으로부터 들어온다고 해서 문(門)이라 한 것임.

구화투신/救火投薪

불을 끄는데 장작을 넣음. 급하게 행동하다 일을 더욱 악화시킴.

구환분재/救患分災

타인의 환난을 구하고 또 재해를 분담하여 깊은 동정을 베풂.

국궁진췌/鞠躬盡瘁

마음과 몸을 다하여 나라 일에 이바지함.

국란사양상/國亂思良相

나라가 어지러워지면 어진 재상을 생각하게 되니, 늘 비상시를
생각하여 좋은 사람과 접촉하여 멀리하지 말라고 이르는 말.

국록지신/國祿之臣

나라의 녹봉(祿俸)을 받는 신하.

국사무쌍/國士無雙

한 나라 안에 경쟁할 만한 사람이 없을 정도로 훌륭한 사람이란
뜻으로, 천하 제일의 뛰어난 인재를 이르는 말.

국수대호전필망/國雖大好戰必亡

나라가 강대하여도 전쟁을 즐기면 반드시 망한다는 뜻으로, 싸움
을 좋아하는 나라는 망한다는 것을 경계하는 말.

국태민안/國泰民安

나라가 태평하고 국민이 살기가 평안함.

국파산하재/國破山河在

나라가 망하여 국민은 흩어지니 다만 보이는 것은 그저 솟아 있
는 높은 산과 흐르는 물뿐이라는 뜻.

군계일학/群鷄一鶴

닭 무리 속에 끼어 있는 한 마리의 학이란 뜻으로, 여러 평범한
사람 가운데 뛰어난 사람이 섞여 있음을 비유한 말.

군맹무상/群盲撫象

여러 명의 소경이 제각기 코끼리를 어루만진다는 뜻으로, 모든
사물을 자기의 주관과 좁은 소견으로 그릇 판단함을 이르는 말.

군욕신사/君辱臣死

임금과 신하가 간난(艱難)과 생사를 같이 함.

군의/群疑

　①여러 사람들의 의심. ②많은 의문.

군의만복/群疑滿腹

　많은 의심이 마음에 가득함.

군자노심소인노력/君子勞心小人努力

　군자는 정신을, 소인은 육체를 수고롭게 한다는 말로 인격이 있고 없고에 따라 그 노력한 바가 다르다는 말.

군자무소쟁/君子無所爭

　군자는 사람과 다투지 아니함을 이름.

군자삼락/君子三樂

　군자에게는 세 가지 즐거움이 있다는 말.

군자애구호표애피/君子愛口虎豹愛皮

　군자는 입을 귀중히 여기고 호랑이는 가죽을 아낀다는 말.

군자우도불우빈/君子憂道不憂貧

　군자는 도리에 어긋나는 일에는 우려하지만 가난에 대해서는 근심하지 않는다는 말.

군자의야/君者儀也

　임금은 백성의 의표(儀表)가 되어야 함을 말함.

군자지덕풍/君子之德風

　윗자리에 있는 사람의 덕은 바람과 같아서 아랫사람은 다 그 풍화(風化)를 입게 된다는 말.

군자표변/君子豹變

　군자는 허물을 고치어 선(善)에 옮김이 몹시 뚜렷하다는 뜻.

군주신수/君舟臣水

　도와 주는 사람도 때로는 해가 되는 수가 있다는 뜻.

굴지/屈指

수많은 가운데에서 손가락을 꼽아 셀 만큼 아주 뛰어남.

궁구막추/窮寇莫追

곤경에 빠진 사람을 건드리면 화를 입음.

궁구물박/窮寇勿迫

궁지에 빠진 적을 추격하지 말라는 말. 잘못하다가는 오히려 해를 입는다는 말.

궁리진성/窮理盡性

성정(性情) 및 변화와 이치를 깊이 연구하여 밝힘.

궁사남위/窮思濫爲

궁하면 아무 짓이나 함.

궁서설묘/窮鼠齧猫

쫓기는 쥐가 궁지에 몰리면 고양이를 문다. 죽을 지경에 이르면 아무리 약한 놈이라도 강적에게 용기를 내어 대든다는 말.

궁수저서/窮愁著書

현인이 곤란에 부딪쳐 그 뜻을 펴지 못하고, 글을 지어 그 뜻을 표함을 이름.

궁심멱득/窮心覓得

온갖 힘을 다 들이어 고생한 끝에 겨우 찾아냄.

궁여지책/窮餘之策

막다른 골목에서 그 국면을 타개하려고 생각다 못해 짜낸 한 가지 꾀.

궁절전진/弓折箭盡

활이 꺾이고 화살이 다 됨. 술계가 다하여 어찌할 도리가 없음.

궁조대/窮措大

곤궁하고 청빈한 선비.

궁조입회/窮鳥入懷

쫓긴 새가 품 안에 날아든다는 뜻으로, 곤궁한 사람이 와서 의지하는 것을 비유.

권권불망/眷眷不忘

가엾게 여기어 늘 돌보며 잊어버리지 않음.

권모술수/權謀術數

목적 달성을 위해서는 수단과 방법을 가리지 않고 때와 형편에 따라 능갈치게 둘러맞추는 모략이나 술책.

권문세가/權門勢家

벼슬의 직위가 높고 권세 있는 집안.

권불십년/權不十年

권세가 십 년을 가지 못한다는 뜻으로, ①이 세상은 무상하여 늘 변한다는 뜻. ②아무리 높고 센 권세라도 그렇게 오래 가지는 못한다는 말.

권선징악/勸善懲惡

착하고 선한 일을 권장하고, 못되고 악한 일을 징계한다는 말.

권설/卷舌

놀라서 혀가 꼬부라져 말을 할 수 없음을 이름.

권재족하/權在足下

일을 척결하는 모든 권리가 다 한 사람에게 달렸다는 말.

권토중래/捲土重來

흙먼지를 일으키며 다시 온다는 뜻으로, 한번 패하였다가 세력을 회복하여 다시 쳐들어온다는 뜻.

궐각/厥角

①각(角)은 이마, 이마를 땅에 대고 절을 함. ②무서워 어쩔 줄을 모름.

궐각계수/厥角稽首

이마를 땅에 대고 가장 큰 경례를 함.

귀감/龜鑑

거북은 길흉을 점치고 거울은 사물의 그림자를 비침. 사물의 거울. 본보기가 될 만한 것.

귀거래/歸去來

관직을 사임하고 고향으로 돌아감.

귀귀수수/鬼鬼祟祟

남몰래 숨어서 일을 꾸미는 것을 욕하는 말.

귀모토각/龜毛兎角

거북의 털과 토끼의 뿔이라는 뜻으로, 도저히 있을 없는 물건을 말함.

귀목술심/劌目鉥心

눈을 놀라게 하고 마음을 놀라게 함. 뜻이 바뀌어 문장의 구상이 뛰어나서 사람의 생각을 벗어남의 비유.

귀배괄모/龜背刮毛

거북의 등에 있지도 않은 털을 긁는다는 뜻으로, 도저히 구할 수 없는 곳에 가서 구한다는 뜻.

귀어허지/歸於虛地

오직 수고스럽기만 하고 헛노릇이 됨.

귀이천목/貴耳賤目

가까운 것은 천하게 생각하고 먼 데 있는 것은 귀하게 생각함.

귀인천기/貴人賤己

군자는 인서(仁恕)의 마음이 있으므로 만사에 있어 자신보다 타인을 높인다는 뜻.

귀토/歸土

사람의 죽음을 이름. 사람은 죽으면 혼(魂)은 하늘로 올라가고,

백(魄)은 흙으로 돌아간다 함.

귀학/龜鶴
거북과 학. 장생하므로 사람의 장수를 비유하여 이름.

규각/圭角
모서리가 예리한 벽옥(璧玉). 언행이 모가 나서 남과 맞지 않음.

규중처녀/閨中處女
집 안에 들어앉아서 자라난 처녀.

규천호지/叫天呼地
몹시 슬프거나 분하거나 할 때, 하늘과 땅을 향해 울부짖는 일.

귤화위지/橘化爲枳
중국 회남(淮南)의 귤을 회북(淮北)에 옮겨 심으면 탱자가 된다는 뜻으로, 환경과 조건에 따라 사물의 질도 따라서 변함을 이르는 말.

극구광음/隙駒光陰
흘러가는 세월의 빠름은 달려가는 말을 문 틈으로 보는 것과 같다는 뜻으로, 인생의 덧없고 짧음을 이르는 말.

극기복례/克己復禮
과도한 욕망을 누르고 예절을 좇게 함을 이르는 말.

극벌원욕/克伐怨慾
이기고자 하며, 제 자랑하기를 좋아하며, 원망하고 화를 내며, 탐욕하는 네 가지 나쁜 행위.

극성즉패/極盛則敗
왕성함이 지나치면 얼마 가지 못해서 패망함.

극진지두/極盡地頭
①극진하여 여지가 없음. ②맨 끝.

근검치가지본/勤儉治家之本

근검은 집안을 다스리는데 근본이 됨.

근근간간/勤勤懇懇

썩 부지런하고 정성스러운 모양.

근근도생/僅僅圖生

살림살이가 몹시 가난하여 가까스로 살기를 꾀함.

근묵자흑/近墨者黑

먹을 가까이 하면 검은빛이 된다는 뜻으로, 사람은 그가 가까이 하는 사람에 따라 그 영향을 받아서 변하니 조심하라는 말.

근신골강/筋信骨强

근육은 신장(伸張)하고 뼈는 강건(强健)함.

근화일조몽/槿花一朝夢

허무한 영화(榮華)에 비유하여 이르는 말.

금강견고/金剛堅固

금강과 같이 견고하여 무엇이든지 깨뜨리고 어떤 물건한테도 깨지지 않음을 가리키는 말.

금고종신/禁錮終身

죄과나 혹은 신분에 허물이 있음으로 말미암아 일생 동안 벼슬길에 쓰이지 않는 일.

금곤복거/禽困覆車

새도 괴로우면 수레를 뒤엎는다는 뜻으로, 약자도 기운을 내면 큰 힘을 낼 수 있다는 말.

금과옥조/金科玉條

금이나 옥처럼 귀중히 여겨야 할 법칙이나 규정.

금구폐설/金口閉舌

귀중한 말을 할 수 있는 입을 다물고 침묵을 지킨다는 말.

금독지행/禽犢之行

짐승과 같은 짓이라는 뜻으로, 친족 사이에서 생긴 음행(淫行).

금란지계/金蘭之契

금(金)은 지극히 견고하지만, 두 사람의 마음을 합하면 그 견고함이 금을 능히 절단할 수 있으며, 두 사람의 진정(眞情)의 말을 향기로운 난초에 비유하여 금란이라 함. 친구 사이의 두터운 우정을 말함.

금린옥척/錦鱗玉尺

한 자 가량 되는 물고기를 미칭(美稱).

금보리견시/錦褓裏犬矢

비단보에 개똥이라는 말. 겉은 좋으나 내용이나 마음씨가 나쁘다는 것.

금산철벽/金山鐵壁

어떤 물건이 매우 견고함을 이르는 말.

금석지감/今昔之感

지금과 옛적을 비교해 생각할 때, 그 차이가 심함을 보고 느끼는 정.

금석지언/金石之言

금석과 같이 확실한 말.

금석지전/金石之典

금석처럼 변함없는 가치를 지닌 법전.

금석하석/今夕何夕

무척 즐거운 밤을 맞이하여 감탄해서 하는 말.

금설폐구/金舌蔽口

금으로 혀를 만들어 입을 가린다는 뜻으로, 입을 꼭 다물고 말하지 아니함을 이름.

금성옥진/金聲玉振

작은 업적을 모아 크게 집대성함을 이르는 말.

금성천리/金城千里

성이 튼튼한 위에 천리의 넓이가 있다는 뜻으로, 중국의 진시황이 그 나라의 견고함을 자랑한 말.

금성철벽/金城鐵壁

방비가 아주 견고한 성. 아주 견고한 사물의 비유.

금성탕지/金城湯池

견고하여 용이하게 접근해서 쳐부수기 어려운 성.

금수어충/禽獸魚蟲

새와 짐승과 고기와 벌레, 즉 사람이 아닌 모든 동물을 가리킴.

금수의끽일시/錦繡衣喫一時

비단옷이 한 끼란 뜻으로, 값비싼 잠시의 영화를 이름.

금수지장/錦繡之腸

①비단결같이 고운 마음씨를 이름. ②아름다운 마음씨의 소유자란 뜻.

금슬부조/琴瑟不調

부부가 서로 화락(和樂)하지 못한 것.

금슬지락/琴瑟之樂

부부간의 화목한 즐거움.

금시발복/今時發福

어떤 일을 한 뒤에 이내 좋은 수가 트이어 부귀를 누리게 됨을 이르는 말.

금시작비/今是昨非

오늘은 옳고 어제는 그름. 과거의 잘못을 비로소 깨닫는다는 뜻.

금시초문/今始初聞

이제야 비로소 처음으로 들음.

금옥군자/金玉君子
　금과 옥처럼 절조가 굳고 점잖은 사람.

금옥만당/金玉滿堂
　금관자, 옥관자를 붙인 높은 벼슬아치들이 방안에 가득함. 현명한 신하가 조정에 가득함.

금옥패서/金玉敗絮
　겉치레만 하고 내면이 추악함을 비유하여 이르는 말.

금옥숭구도지/金玉崇寇盜至
　너무 재물만을 탐하면 재화(災禍)를 만나게 된다는 말.

금의야행/錦衣夜行
　비단옷을 입고 밤길을 간다는 뜻으로, 아무 보람이 없는 행동을 비유한 말.

금의옥식/金衣玉食
　좋은 옷과 음식을 말함이니 호화롭고 사치스런 생활을 말함.

금의환향/錦衣還鄉
　출세를 하고 고향으로 돌아옴.

금전옥루/金殿玉樓
　규모가 크고 화려하게 지은 전각(殿閣)과 누대(樓臺).

금지옥엽/金枝玉葉
　①임금의 자손이나 집안. ②귀여운 자손. ③가장 귀중한 물건을 이름.

금혁지세/金革之世
　전쟁이 일어난 세상.

금환탄작/金丸彈雀
　황금의 탄환으로 참새를 쏘는 것으로, 소득이 적은데 쓸데없는 비용만 들임에 비유함.

급격물실/急擊勿失

　빨리 쳐서 공격하여 때를 놓치지 말아야 함.

급난지풍/急難之風

　남의 어려운 일을 구해 주는 의협심이 있는 태도.

급수공덕/給水功德

　물을 떠 남에게 주는 공덕이라는 뜻으로, 지극히 쉽고도 대단치
　않으나, 남을 위하여 일하는 것은 선행이라는 말.

급어성화/急於星火

　급하기가 마치 운성의 빛과 같다는 뜻으로, 매우 급하고 빠름을
　이르는 말.

급인지풍/急人之風

　남의 위급한 곤란을 구원하여 주는 의협스러운 기풍.

급전직하/急轉直下

　어떤 일이나 형세가 갑자기 바뀌어 걷잡을 수 없이 막 내리밀림.

급행무선보/急行無善步

　너무 급히 걸어가면 넘어지고 엎어지듯이 무슨 일이고 급히 서둘
　면 오히려 일의 진전이 잘 되지 못한다는 것을 비유한 말.

기갈자심/飢渴滋甚

　굶주림이 점점 더 심하여짐.

기개세/氣蓋世

　씩씩한 기백이 지극히 뛰어나 일세(一世)를 뒤덮고도 남을 만함.

기거동작/起居動作

　사람이 살아가는 모든 동작.

기거만복/起居萬福

　서간 용어로 상대방의 신상이 한결같이 변함없이 많은 복을 받으
　라는 말.

기거무시/起居無時

  은사(隱士)의 자유로운 몸을 이름.

기괴망측/奇怪罔測

  기괴하기가 이루 말할 수 없음.

기고만장/氣高萬丈

  일이 뜻대로 잘될 때 기꺼워하거나, 또는 성을 낼 때에 그 기운이
  펄펄 나는 일.

기구망측/崎嶇罔測

  ①운수가 사납기 짝이 없음. ②산길이 험하기 짝이 없음.

기군망상/欺君罔上

  임금을 속임.

기남숙녀/奇男淑女

  남달리 재주와 슬기가 뛰어난 남자와 교양과 품격을 갖춘 여자.

기담괴설/奇談怪說

  기이하고 괴상한 이야기.

기미상적/氣味相適

  생각하는 바나 취미가 서로 맞음.

기불택식/飢不澤食

  굶주린 사람은 먹을 것을 가리지 않는다는 뜻으로, 빈곤한 사람
  은 대수롭지 않은 은혜에도 감격함.

기사회생/起死回生

  다 죽게 되었다가 다시 살아난다는 뜻.

기산지절/箕山之節

  굳은 절개나 신념을 충실히 지킴.

기소불욕물시어인/己所不欲勿施於人

  자기가 싫어하는 것은 다른 사람 역시 싫어하는 것이니 이것을

남에게 시키면 안 된다는 뜻.

기욕입이입인/己欲立而立人

자기의 입신(立身)을 바라면 남도 입신하도록 하여야 한다는 말.

기인지우/杞人之憂

기(杞)나라 사람의 근심이란 뜻으로, 공연히 쓸데없는 걱정이나 무익한 근심을 말한다.

기자이위식/飢者易爲食

기갈(飢渴)이 심한 자는 그 음식의 여하를 막론하고 먹는다는 뜻으로, 곤궁한 사람은 사소한 은혜라도 감수한다는 말.

기진맥진/氣盡脈盡

기력과 의지력이 다 없어져 스스로 가누지 못할 만큼 노그라짐.

기한도골/飢寒到骨

기한이 뼛속까지 이름. 극심한 기한.

기한발선심/飢寒發善心

굶주려 고생을 하면 착한 마음이 생긴다는 뜻.

기호지세/騎虎之勢

호랑이를 타고 달리는 듯한 기세라는 뜻으로, 일을 시작한 이상 중도에서 그만둘 수 없는 형세를 말한다.

기화가거/奇貨可居

진귀한 물건을 사두었다가 훗날 기회를 만나 큰 이익을 얻게 한다는 뜻으로, 좋은 기회를 기다려 큰 이익을 얻음.

길상선사/吉祥善事

더할 나위 없이 기쁘고 매우 좋은 일.

ㄴ

낙극애생/樂極哀生

　즐거움이 다하면 슬픔이 생긴다는 뜻.

낙락장송/落落長松

　가지가 축축 늘어진 키 큰 소나무.

낙목공산/落木空山

　나뭇잎이 다 져서 텅 비고 볼 만한 것이 아무것도 없는 쓸쓸한 산.

낙미지액/落眉之厄

　눈썹에 떨어진 액(厄)이란 뜻으로, 뜻밖의 액운을 이르는 말.

낙생어우/樂生於憂

　쾌락은 항상 고생하는 데서 나온다는 말.

낙양지귀/洛陽紙貴

　낙양(洛陽)의 종이 값이 오른다는 뜻으로, 저서가 호평을 받아 매우 잘 팔리는 것을 일컫는 말.

낙월옥량/落月屋梁

　지는 달이 지붕을 비춘다는 뜻으로, 고인(故人)을 생각하는 마음이 간절하다는 데 쓰는 말.

낙정하석/落穽下石

　우물에 빠진 사람을 구해 주지는 않고 오히려 돌을 던진다는 뜻으로, 타인이 고난을 당하면 더욱 가해한다는 비유.

낙천도모/落天圖謀

다른 사람이 잘된 것은 자기가 힘써 그렇게 된 것이라 하여 그에 대한 사례로 금품을 요구하는 행동을 말함.

낙화난상지/落花難上枝

한번 진 꽃은 다시 필 수 없다는 뜻으로, 한번 저지른 일은 다시 전 상태로 돌이킬 수 없음을 이름.

낙화유수/落花流水

①땅에 떨어지는 꽃과 흐르는 물. ②남녀간에 서로 그리워하는 정이 있음의 비유.

난공불락/難攻不落

공격하기가 어려워 좀처럼 함락되지 아니함.

난득자형제/難得者兄弟

형제는 인력으로 얻어지는 것이 아니므로 형제간에 의가 좋아야 한다는 뜻.

난득지물/難得之物

매우 얻기 어려운 물건.

난망지은/難亡之恩

잊을 수 없는 은혜. 큰 은덕.

난보지경/難保之境

보호하기 어려운 지경.

난신적자/亂臣賊子

반란을 일으켜 나라를 어지럽게 하는 신하와 부모를 해치는 자.

난아심곡/亂我心曲

여러 가지 일로 마음이 산란하다는 뜻.

난언지지/難言之地

말하기 어려운 경우나 처지.

난의포식/暖衣飽食

옷을 따뜻하게 입고 몸을 덥게 하고 음식을 배부르게 먹음. 곧 사치스런 생활을 말함.

난중지난/難中之難

어려운 가운데서도 가장 어려움.

난형난제/難兄難弟

누구를 형이라 아우라 하기 어렵다는 뜻으로, 두 사물의 낫고 못함을 분간하기 어렵다는 말.

난화지맹/難化之氓

교화시키기 어려운 백성.

날이불치/涅而不緇

검은 빛에 물을 들이려 해도 물들지 않는다는 뜻으로, 군자는 악에 물들지 않는다는 뜻.

남가일몽/南柯一夢

남쪽으로 뻗은 나뭇가지 밑에서 꾼 꿈이란 뜻으로, 꿈과 같이 헛된 한때의 부귀와 영화를 비유한 말.

남귤북지/南橘北枳

강남의 귤을 강북에 옮겨 심으면 탱자 나무로 변한다는 뜻으로, 사람도 환경에 따라 선하게도 악하게도 된다는 말.

남래여왕/南來女往

남녀간에 왕래하며 서로 교제하는 것을 이름.

남루지회/南樓之會

달 밝은 가을밤에 연회를 베푸는 것을 이름.

남만격설/南蠻鴂舌

남쪽 오랑캐의 말은 때까치 소리와 같다는 뜻으로, 알아들을 수 없는 외국 사람의 말을 멸시하는 말.

남부여대/男負女戴

남자는 등에 짐을 지고 여자는 머리에 인다는 뜻으로, 가난한 사람들이 살 곳을 찾아 떠돌아다니는 형상을 말함.

남산지수/南山之壽

오래 사는 수명을 가리키는 뜻으로, 장수(長壽)를 축원할 때 쓰는 말.

남상/濫觴

거대한 양자강도 그 원천은 겨우 술잔을 띄울 만한 적은 물에 불과하다는 뜻으로, 모든 사물의 시초나 근원을 이르는 말.

남선북마/南船北馬

중국의 남쪽은 강이 많아 배를 이용하고 북쪽은 산이 많아 말을 타고 다닌다는 뜻으로, 바쁘게 여기저기를 돌아다닌다는 뜻.

남아일언중천금/男兒一言重千金

남자의 말 한 마디가 천금의 무게를 가졌다는 뜻으로, 한 마디 말도 매우 중요하므로 말하기를 극히 삼가라는 말.

남전북답/南田北沓

소유한 전토(田土)가 여기 저기 흩어져 있음을 이르는 말.

남전출옥/藍田出玉

용모가 아름다움을 이름.

남중일색/男中一色

남자로서 얼굴이 아름답고 잘 생긴 사람을 이름.

남지락북지개/南枝落北枝開

매화의 남쪽 가지는 낙화되고 북쪽 가지는 개화한다는 뜻으로, 한난(寒暖)의 차이를 말함.

남풍불경/南風不競

남방의 풍악이 보잘것없고 생기가 없다는 뜻으로, 힘이나 세력 따위를 떨치지 못함을 비유한 말.

남풍지훈/南風之薰

우순(虞舜)이 오현금(五絃琴)으로 남풍가(南風歌)를 노래하니 천하 백성이 화락하고 태평을 구가하였다 함.

남흔여열/男欣女悅

부부가 화락하는 것을 말함.

납전삼백/臘前三白

동지 지난 셋째 술일(戌日) 전에 눈이 하얗게 세 번 온다는 뜻으로, 이듬해 농사의 풍년들 징조라 함.

낭다육소/狼多肉少

이리는 많은데 먹을 고기는 적다는 뜻으로, 금액은 적은데 분배를 원하는 사람은 많음을 이름.

낭두/囊頭

주머니를 뒤집어 쓴 머리, 또는 자루를 머리에 쓴다는 뜻으로, 함구(緘口)하여 돈수(頓首)한다는 말.

낭랑세어/朗朗細語

낭랑한 목소리로 소곤거리며 말함.

낭유도식/浪遊徒食

하는 일 없이 헛되이 놀고 먹음.

낭자야심/狼子野心

이리의 새끼는 아무리 길을 들이려고 해도 야수의 성질을 버리지 못한다. ①길들이기 힘든 성질. ②신의가 없음을 비유한 말.

낭중지추/囊中之錐

주머니 속에 든 송곳이란 뜻으로, 포부와 역량이 뛰어난 사람은 많은 사람 중에 섞여 있을지라도 눈에 드러난다는 말.

낭중취물/囊中取物

　주머니 속에 든 것을 집어내듯이 매우 손쉬운 일.

낭형/囊螢

　개똥벌레를 주머니에 넣음. 고생하며 학문을 닦음.

내무내문/乃武乃文

　문무(文武)를 아울러 갖춘다는 뜻으로, 임금의 덕을 기리고 높이는 말.

내성불구/內省不疚

　마음 속에 조금도 즐거움이 없음.

내세불가대/來世不可待

　장래의 일은 기대할 것이 못된다는 뜻.

내소외친/內疏外親

　마음 속으로는 소홀히 하고 겉으로는 친한 척함.

내심왕실/乃心王室

　마음을 왕실에 둠. 나라 일에 충성함.

내우외환內憂外患

　나라 안의 근심과 나라 밖에서 오는 재난을 뜻하는 것으로, 인간은 근심 속에서 산다는 것을 가리키는 말.

내유외강/內柔外剛

　사실은 마음이 약한데도 외부에 나타난 태도는 강하게 보임.

내윤외랑/內潤外朗

　옥(玉)의 광택이 안에 함축된 것을 내윤, 밖으로 나타난 것을 외랑이라 함. 인물의 재덕을 형용하는 말.

내인거객/來人去客

　오고 가는 사람. 자주 오가는 많은 사람들.

내자가추/來者可追

이미 지난 일은 어찌 할 수 없으나 장차의 일은 조심하여 지금까지와 같은 과실을 범하지 않을 수 있다는 뜻.

내자불거/來者不拒

오는 사람을 막지 말라는 뜻으로, 자유 의사에 맡기라는 말.

내전보살/內殿菩薩

알면서도 모른 체하고 가만히 있는 사람의 비유.

내정돌입/內庭突入

남의 집 안에 주인의 허락 없이 불쑥 들어간다는 뜻.

내청외탁/內淸外濁

깨끗하고 곧은 마음으로 어지러운 세상을 삶.

냉어침인/冷語侵人

①매정한 말로 남의 마음을 찌름. ②말로 남을 풍자함.

노갑이을/怒甲移乙

갑(甲)에 대하여 노한 것을 을(乙)에게 옮긴다는 뜻으로, 어떤 사람에게서 당한 노염을 다른 사람에게 화풀이함.

노기복력/老驥伏歷

천리마(千里馬)가 늙도록 마구간에 엎드려 있다는 뜻으로, 유능한 인물이 늙기까지 아직 때를 만나지 못하였음을 비유하는 말.

노당익장/老當益壯

나이가 들어 늙어 갈지라도 쇠하지 말고 뜻과 기백을 더욱 세게 지녀야 한다는 말.

노래지희/老萊之戲

초(楚)나라의 효자인 노래자(老萊子)가 나이 칠십에 어린이 옷을 입고 늙은 부모 앞에서 재롱을 부려 부모에게 자기의 늙음을 잊게 했다는 고사에서 유래한 말.

노류장화/路柳墻花

누구든지 쉽게 꺾을 수 있는 길가의 버들과 담 밑의 꽃이라는 뜻
으로, 화류계의 여자들을 말함.

노마십가/駑馬十駕

둔한 말이 열 수레를 끈다는 뜻으로, 재주가 없는 사람이라도 열
심히 하면 훌륭하게 된다는 뜻.

노마지지/老馬之智

늙은 말의 지혜라는 뜻으로, 아무리 하찮은 대상이라도 그 나름
대로 장점과 배울 점이 있다는 말.

노말지세/弩末之勢

큰 활 끝의 세(勢)라는 뜻으로, 걷잡을 수 없이 퉁겨 나오는 세력
을 말함.

노목시지/怒目視之

성난 눈으로 바라봄.

노변담화/爐邊談話

난롯가에 앉아서 가족과 이야기하듯이 친밀한 태도로 서로 주고
받는 이야기.

노불습유/路不拾遺

길에 떨어져 있는 남의 물건을 주워서 자기가 가지려는 따위의
짓은 하지 않는다는 뜻에서, 나라가 잘 다스려져 모든 백성이 매
우 정직한 모양을 이르는 말.

노사숙유/老士宿儒

나이가 많고 학식이 깊은 선비.

노생지몽/盧生之夢

노생의 꿈. 한때의 헛된 부귀 영화.

노승발검/怒蠅拔劍

파리를 보고 칼을 뺀다는 뜻으로, 사소한 일에 화를 냄을 이름.

노실색시/怒室色市

방안에서 노하고 거리에 나가 노여움을 나타낸다는 뜻으로, ①노여움을 다른 곳에 옮긴다는 뜻. ②때늦게야 행동함을 이름.

노심초사/勞心焦思

마음을 몹시 졸이며 애를 태움.

노안비슬/奴顔婢膝

얼굴은 사내종과 같이 비굴하게 갖고 몸은 계집종과 같이 놀린다는 뜻으로, 남에게 굽실거리는 더러운 태도를 이름.

노어지오/魯魚之誤

글자를 잘못 쓰기 쉬움을 가리키는 말.

노이무공/勞而無功

애를 썼으나 아무런 보람이 없음.

노이불원/勞而不怨

①효자의 행위. ②인민의 행위.

노일지설/勞逸之說

안일을 즐기며 노고를 물리침.

노전분하/爐田分下

그 당시 현장에 있는 사람에게만 나누어 줌.

노주지분/奴主之分

종과 상전의 나뉨이라는 뜻으로, 매우 거리가 멀어 바꿔 설 수 없는 대인 관계를 이름.

노지남자/魯之男子

사람의 행위(行爲)를 배우는 데는 그 외형(外形)을 배우지 말고 심의(心意)를 배워야 함을 이름.

노파심절/老婆心切

남을 위하여 지나치게 걱정을 함을 이름.

녹림/綠林

푸른 숲이란 뜻으로, 세상을 등진 호걸들이 있는 도적의 소굴을 일컫는다.

녹림호걸/綠林豪傑

불한당이나 화적을 달리 이르는 말.

녹사불택음/鹿死不擇音

사슴은 그 소리가 아름다우나 죽게 되었을 때는 그 아름다운 소리를 가리어 낼 여유가 없다는 말로, 사람도 위급한 지경을 당했을 때는 악성(惡聲)이 나온다는 뜻.

녹수청산/綠水靑山

푸른 물과 푸른 산.

녹원/鹿苑

①사슴을 놓아 기르는 뜰. ②석가가 불도를 닦은 곳.

녹음방초/綠陰芳草

나뭇잎이 푸르게 우거진 나무 그늘과 아름답게 우거진 풀이라는 뜻으로, 주로 여름철의 자연 경치를 이름.

녹의홍상/綠衣紅裳

연두 저고리에 다홍치마라는 뜻으로, 젊은 여자의 곱게 치장한 복색을 이름.

녹창주호/綠窓朱戶

푸른 칠을 한 창과 붉은 칠을 한 문이라는 뜻으로, 호화롭게 꾸민 좋은 집을 이르는 말.

논공행상/論功行賞

공적의 유무·대소를 논결하여 각각 알맞은 상을 주는 일.

논인장단/論人長短

남의 잘잘못을 평가해서 말함.

농가성진/弄假成眞

　장난으로 한 것이 진심으로 한 것같이 되었다는 뜻.

농교성졸/弄巧成拙

　지나치게 솜씨를 부리다가 도리어 서툴게 됨.

농단/壟斷

　깎아지른 듯이 높이 솟은 언덕이란 뜻으로, 가장 유리한 위치에
서 이익과 권력을 독차지함을 말한다.

농불실시/農不失時

　농사짓는 일은 제때를 놓치지 말아야 한다는 뜻.

농와지희/弄瓦之喜

　딸을 낳은 기쁨을 말함. 옛날 중국에서는 딸을 낳으면 길쌈할 때
쓰는 벽돌을 장난감으로 주었음.

농장지희/弄璋之喜

　아들을 낳은 기쁨을 말함. 옛날 중국에서는 아들을 낳으면 구슬
을 장난감으로 주었음.

농조연운/籠鳥戀雲

　장 속에 갇힌 새가 구름을 그리워함과 같이 속박을 받는 몸이 자
유를 희구하는 마음.

뇌동비평/雷同批評

　남하는 대로 좇아서 하는 비평.

뇌락장렬/磊落壯烈

　기상이 쾌활하고 지기(志氣)가 장대함.

뇌려풍비/雷廬風飛

　벼락같이 빨리 일을 해치운다는 뜻.

뇌뢰낙락/磊磊落落

　마음이 공명정대한 모양.

뇌봉전별/雷逢電別

우레같이 만났다가 번개같이 헤어진다는 뜻으로, 갑자기 잠깐 만났다가 곧 헤어짐을 이르는 말.

뇌성대명/雷聲大名

①세상에 크게 드러난 알려진 이름. ②남의 이름을 높여 하는 말.

뇌성벽력/雷聲霹靂

천둥치는 소리와 벼락.

뇌정벽력/雷霆霹靂

격렬한 천둥과 벼락.

누란지위/累卵之危

계란을 쌓아 놓으면 굴러 떨어져 곧 깨어질 것처럼, 아주 위태로운 상태를 비유한 말.

누진취영/鏤塵吹影

먼지에 새기고 그림자를 입으로 분다는 데서 나온 말로, 쓸데없는 헛수고를 이름.

눌언민행/訥言敏行

사람은 말하기는 쉬워도 행하기는 어려우므로, 말은 느리고 어눌하게 하여도 행동은 민첩해야 함을 이름.

능견난사/能見難思

능히 보고도 생각하기 어렵다는 뜻으로, 잘 살펴보고도 보통의 이치로는 추측할 수 없는 일.

능곡지변/陵谷之變

높은 언덕이 변하여 깊은 골짜기가 되고 골짜기는 변하여 언덕이 된다는 뜻으로, 세상 일의 극심한 변천을 이름.

능대능소/能大能小

재주와 주변이 좋아 모든 일에 두루 능함.

능문능필/能文能筆

문장을 짓는 솜씨와 글씨를 쓰는 솜씨가 능란함. 또는 그러한 솜씨가 있는 사람.

능서불택필/能書不擇筆

글씨를 잘 쓰는 사람은 붓을 가리지 않는다는 뜻으로, 진정한 달인은 종이나 붓 같은 재료를 두고 트집을 잡지 않는다는 말.

능운지지/陵雲之志

높은 구름을 훨씬 넘는 높은 뜻이라는 말로, ①속세에 초연한 태도. ②높은 지위에 오르려는 욕망.

능자다로/能者多勞

재능이 있는 사람은 고생이 많다는 말. 일을 잘하므로 필요 이상의 수고를 하게 된다는 말.

ㄷ

다기망양/多岐亡羊

달아난 양을 찾는데 길이 여러 갈래로 갈려 양을 잃었다는 뜻으로, ①학문의 길이 다방면으로 갈려 진리에 도달하기 어렵다는 뜻. ②방침이 너무 많아 도리어 갈 바를 모름.

다다익선/多多益善

많으면 많을수록 좋다는 뜻.

다문다독다상량/多聞多讀多商量

많이 듣고, 많이 읽으며, 많이 생각함. 중국의 구양수(歐陽修)가 글 잘 짓는 비결로서 든 것임.

다문박식/多聞博識

보고 들은 것이 많고 학식이 넓음.

다방이오지/多方以誤之

여러 가지 방략을 써서 적을 속임.

다사다난/多事多難

일이 많은 데다 까닭도 많음.

다사자불의/多私者不義

사리와 사욕이 많은 사람은 의리를 잃어 버림을 이름.

다사지추/多事之秋

주로 국가적으로나 사회적으로 일이 많이 벌어진 때를 이름.

다언혹중/多言或中

말이 많으면 더러는 맞는 말이 있음.

다연빈사지감/茶烟鬢絲之感

사람이 늙어 백발이 성성할 때 절에 가서 놀며 차를 끓이는 연기가 맑게 오르는 모양을 보고, 지난날의 젊은 시절을 회상(回想)하는 느낌.

다재다병/多才多病

재주가 많은 사람은 흔히 몸이 약하여 잔병이 많다는 말.

다재다예/多材多藝

재능과 기예가 많음.

다전선고/多錢善賈

밑천이 많으면 마음대로 장사를 잘 할 수 있다는 뜻.

다정불심/多情佛心

다정 다감하고 착한 마음.

다지위잡/多知爲雜

너무 많이 알면 도리어 잡박(雜駁)해져서 기율(紀律)이 없음.

다천과귀/多賤寡貴

모든 상품은 다과(多寡)에 의해서 그의 가격 고하가 이루어짐을 이름.

단갈불완/短褐不完

가난한 사람의 제대로 차리지 못한 옷차림. 단갈(短褐)은 짧은 잠방이.

단금지교/斷金之交

쇠를 자를 만큼 정의가 두터운 벗간의 교분.

단기지계/斷機之誡

학업을 중도에서 그만둠은 짜던 베의 날을 끊는 것과 같다는 뜻.

단도직입/單刀直入

①혼자서 칼을 휘두르며 거침없이 적진으로 쳐들어감. ②요점을 바로 풀이하여 들어감.

단말마/斷末魔

숨이 끊어질 때의 고통(苦痛).

단무타려/斷無他慮

조금도 다른 근심 걱정이 없음.

단문고증/單文孤證

한 쪽의 문서·한 개의 증거라는 뜻으로, 불충분한 증거를 말함.

단병접전/短兵接戰

창·칼 따위 단병을 가지고 접근하여 싸움을 이르는 말.

단사불성선/單絲不成線

외따로 떨어져서는 아무 소용없다는 것의 비유.

단사표음/簞食瓢飮

도시락밥과 표주박의 물이란 뜻으로, 청빈한 생활을 이름.

단사호장/簞食壺漿

①도시락밥과 단지에 넣은 음료수란 뜻으로, 적은 분량의 음식물을 비유. ②길을 떠날 때 휴대하는 음식물. ③노상에서 군대를 환영하기 위하여 갖추는 음식.

단순호치/丹脣皓齒

붉은 입술과 하얀 이란 뜻으로, 즉 여자의 아름다운 얼굴을 형용할 때 이르는 말.

단심/丹心

정성스러운 마음.

단심조만고/丹心照萬古

거짓이 없는 지성스러운 마음은 영원히 빛난다는 말.

단애청벽지명/丹崖靑壁之銘

붉은 바위의 낭떠러지와 푸른 돌벽이 높이 솟아 쳐다보기가 어렵
다는 뜻으로, 쉽게 대면(對面)하기 어려운 사람을 만나봄을 이름.

단엄침중/端嚴沈重

단엄하고 침착하여 무게가 있음.

단장/斷腸

창자가 끊어진다는 뜻으로, 창자가 끊어질 듯한 슬픔을 비유하는
말.

단장보단/斷長補短

긴 곳을 잘라 짧은 곳을 메꿔서 들쭉날쭉한 것을 곧게 함.

단지소장자적/丹之所藏者赤

적토(赤土)에 들어가면 붉어진다는 뜻으로, 사람은 착하고 악한
벗에 따라 착하게도 되고 악하게도 됨을 이름.

단청과실/丹靑過實

실지로 없는 것을 그린 그림을 이름.

단표누항/簞瓢陋巷

도시락과 표주박 그리고 누추한 마을이라는 뜻으로, 소박한 시골
살림을 형용하여 이르는 말.

달인대관/達人大觀

도리에 통달한 선비의 탁월한 견식.

담대심소/膽大心小

문장을 지을 때 배짱을 크게 갖되 주의는 세심해야 한다는 말.

담대어신/膽大於身

담이 매우 크다는 것을 형용(形容)하는 말.

담부지역/擔負之役

①짐을 지어 나르는 일. ② 막벌이 일. 막일.

담석/儋石

담(儋)은 두 섬, 석(石)은 한 섬. 한두 섬의 곡식이라는 뜻으로, 얼마 되지 않는 적은 분량의 곡식을 이르는 말. 적은 분량, 얼마 되지 아니하는 분량.

담석지록/儋石之祿

얼마 되지 않는 봉록(俸祿).

담소자약/談笑自若

정신적인 충격이 있어도 평소의 태도를 잃지 않음.

담언미중/談言微中

완곡하게 상대방의 급소를 찌르는 말을 이름.

담여수/淡如水

욕심이 없고 마음이 깨끗하여 물과 같다는 뜻으로, 군자의 마음씨를 형용하는 말.

답청/踏靑

①봄날에 파랗게 난 풀을 밟으면서 거닒. ②청명절에 교외를 산책하며 자연을 즐기는 중국의 풍속.

당국자미/當局者迷

직접 그 일을 맡고 있는 사람이 도리어 그 실정에 어둡다는 뜻.

당금무배/當今無輩

이 세상에서는 어깨를 겨눌 사람이 없다는 말.

당대발복/當代發福

어버이를 좋은 땅에 묻어 그 아들이 곧 부귀를 누리게 됨을 이름.

당동벌이/黨同伐異

옳고 그름을 가리지 않고 뜻이 맞는 사람끼리는 한 패가 되고, 그렇지 않은 사람은 배척함.

당랑거철/螳螂拒轍

사마귀가 넓적한 앞발을 쳐들고 수레바퀴를 막는다는 뜻으로, 제 분수도 모르고 강적에게 대항하는 것을 말한다.

당랑재후/螳螂在後

눈앞의 욕심에만 눈이 어두워, 장차 그 뒤에 올 재화를 알지 못한다는 뜻.

당시승상/當時丞相

권세 높은 사람을 일컫는 말.

당인불양어사/當仁不讓於師

인(仁)을 행하는 경우에는 스승이라도 사양할 필요가 없음을 이름.

대간사충/大姦似忠

매우 간사한 사람은 아첨하는 수단이 매우 교묘하여 흡사 크게 충성된 사람처럼 보임.

대갈일성/大喝一聲

크게 한 번 소리침. 선문(禪門)의 법(法)임.

대경소괴/大驚小怪

몹시 놀라서 좀 의아스럽게 여김.

대경실색/大驚失色

크게 놀라서 얼굴빛이 변함.

대교약졸/大巧若拙

아주 능한 사람은 꾀도 쓰지 않고 자랑도 하지 않으므로 도리어 못난 것처럼 보인다는 뜻.

대기만성/大器晚成

큰 그릇은 오랜 시간과 많은 노력을 들인 뒤에라야 완성된다는 뜻으로, 사람도 크게 될 사람은 늦게 이루어진다는 뜻.

대덕멸소원/大德滅小怨

큰 덕(德)은 작은 원한(怨恨)을 없앤다는 말.

대덕지인필득기수/大德之人必得基數

덕이 많은 사람은 장수(長壽)를 누릴 수 있다는 말로, 이는 덕을 많이 쌓으면 천우신조(天佑神助)를 받는다는 뜻.

대동소이/大同小異

거의 같고 조금만 다름.

대동지론/大同之論

여러 사람의 공론.

대면불상식/對面不相識

얼굴을 늘 보고 대하여도 마음이 서로 통하지 않으면 모르는 사이와 같다는 뜻.

대변여눌/大辯如訥

말을 썩 잘하는 것은 도리어 말이 서툴러 보인다는 뜻.

대분망천/戴盆望天

항아리를 이고 하늘을 바라보려고 한다는 뜻으로, 한 번에 두 가지 일을 동시에 할 수 없다는 비유.

대불핍인/代不乏人

어느 시대나 인재가 없지 아니함.

대사불호도/大事不糊塗

대사에는 결단성이 있게 처리하고 얼버무려서는 안됨.

대상입덕/大上立德

사람의 가장 훌륭한 행실은 덕을 닦아 세상을 다스리어 사람을 구제하는 데 있음을 이름.

대성이왕/戴星而往

별을 이고 간다는 뜻으로, 날이 새기 전에 일찍 일어나 간다는 말.

대성질호/大聲叱呼

큰 목소리로 꾸짖음.

대안지화/對岸之火

강 건너 불이라는 뜻으로, 어떤 일이 자기에게는 아무 관계도 없다는 듯이 관심이 없음을 이르는 말.

대언불참/大言不慙

실천 못할 일을 말로만 떠들어 대고 부끄러운 생각조차 없는 것.

대용불기/大勇不忮

큰 용기를 가진 자는 함부로 남을 해치지 않음을 말함.

대우탄금/對牛彈琴

소에게 거문고를 들려준다는 뜻으로, 어리석은 사람에게 도리를 일러주어도 알아듣지 못함을 비유한 말.

대의명분/大義名分

사람으로서 지켜야 할 도리나 본분.

대의멸친/大義滅親

국가의 대의를 위해서는 사사로운 정도 돌보지 않는다는 말.

대인군자/大人君子

말과 행실이 올바르고 점잖은 사람.

대자위동량/大者爲棟梁

큰 재목은 기둥과 들보로 쓰이는 것처럼 인재도 역시 기량의 대조에 따라 쓰인다는 말.

대지여우/大智如愚

대지(大智)가 있는 사람은 견해나 이론 따위가 아주 깊고 오묘하여, 겉보기에 어리석은 사람과 같다는 뜻.

대한불갈/大旱不渴

오랜 동안 가물어도 마르지 않을 만큼 샘이나 물이 많음을 이름.

덕륭망존/德隆望尊

덕행과 인망(人望)이 높음.

덕무상사/德無常師

덕을 닦는 데는 일정한 스승이 없음을 이름.

덕불고필유린/德不孤必有隣

덕이 있는 사람은 외롭지 않고 반드시 동류(同類)의 덕 있는 사람이 나타나서 도와 준다는 뜻.

덕위인표/德爲人表

덕망(德望)이 높아 세상 사람의 사표(師表)가 됨.

도견와계/陶犬瓦鷄

외모(外貌)만 훌륭하고 실속이 없어 아무 필요도 없는 사람을 비웃어 이르는 말.

도난어기이/圖難於基易

어려운 일을 하고자 할 때는 그 일의 쉬운 곳부터 해 나감.

도로무공/徒勞無功

헛되이 애만 쓰고 아무런 보람이 없음.

도룡지기/屠龍之技

용을 잡는 재주가 있다는 뜻으로, 쓸데없는 재주를 이름.

도방고리/道傍苦李

사람들에게 시달림을 받으며 길가에 서 있는 오얏 나무를 가리키는 말로, 사람에게 버림받는다는 데에 비유함.

도불습유/道不拾遺

길에 떨어진 물건을 줍지 않는다는 말로, 나라가 잘 다스려지고 풍속이 아름답게 되었다는 뜻.

도비순설/徒費脣舌

헛되이 입술과 혀만 수고롭게 한다는 뜻으로, 부질없이 말만 하고 보람이 없음을 이름.

도삼촌설/掉三寸舌

세 치 되는 혀를 흔든다는 뜻으로, 웅변을 토함을 이름.

도소지양/屠所之羊

도살장으로 끌려 가는 양이라는 뜻으로, 다 죽게 된 불행한 처지에 있는 사람을 비유한 말.

도원결의/桃園結義

복숭아 나무 아래에서의 결의라는 뜻으로, 의형제를 맺는다는 말.

도장왈자/道掌曰字

어떠한 일이거나 나서서 잘난 체하는 사람.

도재간과/倒載干戈

칼날을 엎어 실음. 전쟁이 끝남을 일컫는 말.

도주지부/陶朱之富

도주공(陶朱公)의 부(富)란 뜻으로, 수억 만대의 큰 부를 일컫는다.

도청도설/道聽塗說

거리에서 들은 말을 남에게 아는 체하며 말함. 깊이 생각하지 않고 예사로 듣고 말함.

도탄지고/塗炭之苦

진흙의 수렁이나 숯불 속에 떨어진 것 같은 고통을 나타낸 말로, 참을 수 없는 심한 고통과 학정(虐政) 속에 빠져 있음을 뜻한다.

도행역시/倒行逆施

행하는 바가 도리에 맞지 아니함을 이름.

독불장군/獨不將軍

①혼자서는 장군이 못 된다는 뜻으로, 저 혼자 잘난 체하며 뽐내

다가 남에게 핀잔을 받고 고립된 처지에 있는 사람. ②가장 잘난
체하며 혼자서 모든 일을 처리하는 사람.

독서망양/讀書亡羊

글을 읽는 데 정신이 팔려 양을 잃었다는 뜻으로, 일에는 뜻이 없
고 딴 생각만 하다가 낭패를 봄을 이르는 말.

독서백편의자현/讀書百遍意自見

글을 백 번 읽으면 그 뜻이 저절로 드러난다는 뜻으로, 학문에 열
심히 정진하다 보면 목적한 바가 자연히 이루어진다는 말.

독서삼매/讀書三昧

딴 생각은 않고 오직 책 읽기에만 골몰하는 일.

독숙공방/獨宿空房

홀로 빈 방에서 잠. 흔히 결혼한 여자가 남편 없이 혼자 밤을 지
내는 일.

독장난명/獨掌難鳴

손바닥 혼자는 소리를 내지 못한다는 뜻으로, 맞장구가 없으면
저 혼자 그러다 만다는 뜻.

독장불명/獨掌不鳴

맞서는 이가 없으면 싸움이 되지 않는다는 뜻.

독청독성/獨淸獨醒

어지러운 세상, 술 취한 무리 속에서 홀로 깨끗하고 정신이 맑음
을 이름.

독학고루/獨學孤陋

독학자(獨學者)는 견문이 좁고 학문의 정도에 들기 힘들다는 말.

돈단무심/頓斷無心

사물에 대하여 도무지 탐탁하게 여기는 마음이 없음.

돌탄막급/咄嘆莫及

아무리 탄식하여도 어쩔 수가 없음.

동가식서가숙/東家食西家宿

일정한 거처없이 떠돌아다니며 여기저기서 지내는 것을 이르는
말.

동가홍상/同價紅裳

같은 값이면 다홍치마라는 뜻.

동고동락/同苦同樂

괴로움과 즐거움을 함께 함.

동공이곡/同工異曲

재주나 솜씨는 같으나 그 표현한 내용이나 맛은 서로 다름.

동공일체/同功一體

①같은 공로를 세워 서로 지위가 같음. ②일의 공효가 서로 같음.

동구하갈/冬裘夏葛

겨울에는 털가죽을 입고 여름에는 칡으로 짠 베옷을 입음이 당연
한 일이라는 뜻.

동귀이수도/同歸而殊塗

천하의 진리(眞理)는 하나이지만 그것을 추구하는 방법에는 여러
가지가 있다는 말.

동기일신/同氣一身

형제 자매는 한 몸이나 다름 없음.

동도서말/東塗西抹

이리저리 간신히 꾸며 대어 맞춤.

동두철신/銅頭鐵身

성질이 모질고 완강한 사람의 비유.

동량지재/棟樑之材

집의 대들보가 될 나무란 뜻으로, 한 집·한 사회·한나라의 중

심 인물이 될 사람이라는 뜻.

동명상조/同明相照

대개 서로 비슷한 무리들이 한데 어울린다는 뜻.

동문서답/東問西答

묻는 말에 대하여 전혀 엉뚱한 대답을 함.

동문수학/同門受學

한 스승 밑에서 함께 배움.

동방화촉/洞房華燭

부인의 방에 촛불이 아름답게 비침.

동병상련/同病相憐

같은 병을 앓고 있는 사람끼리 서로 가엾게 여긴다는 뜻으로, 어려운 처지에 있는 사람끼리 서로 동정하고 도움을 준다는 말.

동분서주/東奔西走

이리저리 분주히 돌아다님.

동빙가절/凍氷可折

물은 부드러우나 겨울에 얼음이 되면 단단하여 부러짐.

동상이몽/同床異夢

같은 잠자리에서 다른 꿈을 꾼다는 뜻으로, 겉으로는 함께 행동하면서 속으로는 다른 생각을 가짐.

동색친구/同色親舊

한 색목(色木)에 속하는 친구.

동선하로/冬扇夏爐

겨울의 부채와 여름의 화로라는 뜻으로, 때에 맞지 않아 쓸데없이 된 물건이 된 것을 가리킴.

동섬서홀/東閃西忽

동에서 번쩍 서에서 번쩍한다는 뜻으로, 이리저리 왔다갔다함을 일컫는 말.

동성상응/同聲相應

같은 소리로 서로 응대한다는 뜻으로, 비슷한 부류의 사람들이 서로 어울림을 이르는 말.

동성이속/同性異俗

사람의 천성은 본래 한가시인데 습관에 따라서 여러 가지로 변한다는 말.

동심인성/動心忍性

마음을 단단히 먹고 품성을 강인하게 한다는 뜻으로, 사람이 사업을 성취하려면 이러한 공부가 필요함을 이르는 말.

동악상조/洞惡相助

나쁜 사람이라도 그들의 목적을 달성하기 위해 서로 돕고 힘을 합친다는 뜻.

동업상구/同業相仇

같은 업(業)을 경영하는 사람은 서로 배척함을 이르는 말.

동온하정/冬溫夏凊

겨울에는 따뜻하게 여름에는 서늘하게 한다는 말이니, 자식된 자로 부모를 섬기는 도리를 이름.

동우지곡/童牛之牿

송아지를 외양간에 동여맴과 같은 자유가 없는 것을 이름.

동이불화/同而不和

겉으로는 동의를 표시하면서 내심은 그렇지 않음.

동정서벌/東征西伐

여러 나라를 이리저리 정복함.

동족방뇨/凍足放尿

언 발에 오줌을 누어서 녹인다는 뜻으로, 일시 구급(救急)은 되나 곧 그 효력(效力)이 없어질 뿐 아니라 더 악화됨을 이름.

동주상구/同舟相救

같은 배에 탔던 사람이 배가 전복될 때 서로 힘을 모아 구조함. 이해 관계가 같은 사람은 나와 적의 구별 없이 돕고 구조함을 비유한 말.

동주제강/同舟濟江

원수끼리도 한가지 일을 위해서는 같은 배를 타고 서로 구한다는 오월동주(吳越同舟)의 고사.

동첩견패/童輒見敗

일을 하려고 움직이기만 하면 꼭 실패를 본다는 말.

동추서대/東推西貸

여러 곳에서 빚을 짐을 이름.

동퇴서비/東頹西圮

이리저리 쏠리는 허술한 집이란 뜻.

동패서상/東敗西喪

이르는 곳마다 실패하여 되는 일이 없음.

동행서주/東行西走

되는 일이 없으면서도 여러 곳으로 바삐 돌아다님을 이르는 말.

동호지필/董狐之筆

권세를 두려워하지 않고 사실을 그대로 적어 역사에 정직한 기록을 남기는 일.

두문불출/杜門不出

세상과 인연을 끊고 밖에 나아가지 않음을 이름.

두상안두/頭上安頭

물건을 여유있게 마련하여 두는 것을 이름.

두양소근/頭痒搔跟

머리가 가려움에 발뒤꿈치를 긁음. 무익한 일이란 뜻.

두주불사/斗酒不辭

말술도 사양하지 않을 정도로 주량(酒量)이 매우 큼.

득롱망촉/得隴望蜀

농(隴)을 얻고 나니 촉(蜀)을 갖고 싶어한다는 뜻으로, 끝이 없는 인간의 욕심을 비유하여 쓰는 말.

득부실부/得斧失斧

얻은 도끼가 제가 잃은 도끼나 같다는 뜻으로, 얻고 잃음이 없음.

득불보실/得不補失

얻은 것으로는 그 잃은 것을 메워 채우지 못한다는 뜻으로서, 손해가 됨의 뜻.

득실상반/得失相半

얻은 것과 잃은 것이 서로 반반 이어서 별로 이득도 없고 손해도 없다는 말.

득어망전/得魚忘筌

물고기를 잡고 나면 통발의 덕을 잊는다는 뜻으로, 어떤 일을 성취하고 나면 그때까지 도움을 준 존재를 잊어버린다는 말.

등고자비/登高自卑

높은 곳에 오르려면 낮은 곳부터 밟아야 한다는 뜻으로, 즉 모든 일에는 차례를 밟아야 한다는 뜻. 또는 높은 지위에 오를 수록 스스로를 낮추어야 함을 뜻한다.

등산질욕/登山叱辱

크게 욕하고 꾸짖는다는 뜻.

등용문/登龍門

용이 되어 하늘로 올라갈 수 있는 문이란 뜻으로, 입신 출세에 연결되는 어려운 관문이란 의미로 쓰인다.

등하불명/燈下不明

등잔 밑이 어둡다는 뜻.

등화가친/燈火可親

가을이 되면 마음이 밝고 상쾌하므로 등불을 가까이 하여 글 읽기에 매우 좋다는 말.

ㅁ

마각노출/馬脚露出

숨기고 있던 마각이 부지중에 나타나게 됨을 이름.

마고소양/麻姑搔痒

마고가 긴 손톱으로 가려운 데를 긁는다는 뜻으로, 원하는 일이 뜻대로 시원스럽게 잘 되어감을 이르는 말.

마권찰장/摩拳擦掌

단단히 벼르고 기운을 모아 기회를 기다린다는 뜻.

마맥분리/磨麥分梨

보리를 갈아 가루로 한 꿈을 꾸고, 잃었던 남편을 찾았으며, 배를 쪼갠 꿈을 꾸니 잃었던 아들이 돌아왔다는 고사.

마상득지/馬上得之

군대의 힘으로 세상을 얻었음을 이르는 말.

마생각/馬生角

말에 뿔이 났다는 말로 세상에 결코 있을 수 없는 것의 비유.

마왕처우역왕/馬往處牛亦往

말 가는 데 소도 간다는 뜻으로, 호응이 있는 곳에 갖추어야 할 것이 있는 것은 당연하다는 말.

마우이금거/馬牛而襟裾

말이나 소가 사람과 같이 깃이 달린 옷을 입었다는 뜻으로, 학식이 없는 사람을 비웃는 말.

마이동풍/馬耳東風

말의 귀를 스치는 동풍이라는 뜻으로, 남의 비평이나 의견을 조금도 귀담아 듣지 않고 그대로 흘려 버리는 것을 말한다.

마중지봉/麻中之蓬

구부러진 쑥도 꼿꼿한 삼밭에 나면 자연 꼿꼿하게 자란다는 뜻으로, 환경에 따라 악도 선으로 고쳐진다는 뜻.

마천철연/磨穿鐵硯

학문에 열중하여 딴 데 마음을 두지 않음을 이름.

마피모장/馬疲毛長

피로한 말은 몸이 말라 털만이 길게 자람을 이름.

마혁과시/馬革裹屍

말의 가죽으로 시체를 싼다는 뜻으로, 전쟁터에 나가 싸우다가 죽겠다는 용장의 각오를 가리키는 말.

막감수하/莫敢誰何

상대편을 누구도 감히 건드리지 못함.

막막강병/莫莫强兵

더할 수 없이 강한 군사.

막부득이/莫不得已

마지못하여, 어쩔 수 없이.

막상막하/莫上莫下

실력이 엇비슷함.

막엄지지/莫嚴之地

임금의 앞이나, 또는 임금이 거처하는 곳.

막역지간/莫逆之間

벗으로서 아주 허물없이 친한 사이.

막역지우/莫逆之友

　마음에 조금도 거슬림이 없는 친구라는 뜻으로, 더할 나위 없이 친하고 허물이 없는 친구를 말한다.

막왕막래/莫往莫來

　서로 왕래가 없음.

막지기묘지석/莫知其苗之碩

　누구나 자기의 곡식의 큰 것은 모른다는 뜻으로, 자기 재물은 남의 것만 못해 보인다는 뜻.

막지기자지악/莫知其子之惡

　부모된 사람은 자기 자식의 잘못을 모른다는 뜻으로, 어버이의 자식에 대한 사랑이 맹목적임을 비유하는 말.

막지동서/莫知東西

　동서를 분간하지 못한다는 뜻으로, 사리를 모르고 어리다는 말.

막천석지/幕天席地

　하늘을 장막으로 삼고 땅을 자리로 삼는다는 말로, 천지를 자기의 거처로 하는 마음이 웅대함을 이른 말.

막현호은/莫見乎隱

　어두운 곳은 도리어 드러난다는 것을 이름.

만가/晩駕

　상여를 메고 갈 때에 부르는 노래. 죽은 사람을 애도하는 노래.

만경창파/萬頃蒼波

　만 갈래의 푸른 파도로 한없이 넓은 바다.

만고불멸/萬古不滅

　오랜 세월을 두고 길이 없어지지 않음.

만고절색/萬古絶色

　만고에 그 유(類)가 없을 만큼 뛰어난 미색.

만고천추/萬古千秋

　과거와 미래를 통하여 영구히.

만고풍상/萬古風霜

　사는 동안에 겪은 많은 고생.

만구일담/萬口一談

　여러 사람의 말이 일치한다는 말.

만구칭송/萬口稱頌

　여러 사람이 모두 한결같이 칭송함.

만년지택/萬年之宅

　오래 견디도록 기초를 아주 튼튼하게 잘 지은 집.

만단설화/萬端說話

　가슴속에 서리고 서린 모든 이야기.

만단수심/萬端愁心

　여러 가지로 마음에 일어나는 수심.

만리동풍/萬里同風

　하늘과 땅 사이 이르는 곳마다 같은 바람이 분다는 뜻으로, 천하
가 통일되어 태평한 것의 비유.

만면수색/滿面愁色

　얼굴에 가득히 나타난 근심의 빛.

만면춘풍/滿面春風

　기쁨에 넘치는 얼굴.

만물부모/萬物父母

　천지(天地)는 만물을 낳으므로 이름.

만부부당지용/萬夫不當之勇

　수없이 많은 사내 대장부로도 능히 당해 낼 수 없는 용맹.

만부지망/萬夫之望

만인이 우러러 바라봄.

만불실일/萬不失一

　조금도 틀림이 없음. 실수가 한 번도 없음.

만사개여몽/萬事皆如夢

　이 세상의 모든 일이 꿈 같다는 말.

만사무심/萬事無心

　모든 일에 관심이 없음. 또는 어떤 근심이 있어 만사가 시들하여 마음을 쓰는 일이 없음.

만사휴의/萬事休矣

　어떤 사태에 직면해서 더 손쓸 수단도 없고 모든 것이 끝장났다는 체념의 상태를 말한다.

만세불망/萬世不忘

　은덕이나 은혜를 오랜 세대를 두고 영원히 잊지 않음.

만세불후/萬世不朽

　영원히 썩거나 사라지지 않음.

만수무강/萬壽無疆

　손위 사람이나 존경하는 분의 건강을 빌 때에 쓰이며 한없이 오래 삶.

만수일리/萬殊一理

　우주의 천태 만상이 결국은 한 이치로 돌아간다는 말.

만승천자식이위대/萬乘天子食以爲大

　지위의 고하를 막론하고 사람에게는 먹는 것이 제일이라는 말.

만시지탄/晩時之歎

　시기가 늦은 것을 안타까워하는 탄식. 때늦은 한탄.

만식당육/晩食當肉

　때늦게 먹으면 고기 맛 같다는 뜻. 즉 배가 고플 때에는 조식(粗

食)을 먹어도 고기를 먹는 것과 같다는 말.

만실우환/滿室憂患

한 집 안에 앓는 사람이 많음을 이르는 말.

만전지책/萬全之策

한 치의 허술함도 없는 완전한 계책.

만즉일/滿則溢

차면 넘친다는 뜻.

만첩청산/萬疊靑山

겹겹이 둘린 푸른 산.

만초손겸수익/慢招損謙受益

거만하면 손해를 보며, 겸손하면 이익을 본다는 뜻.

만패불청/萬霸不聽

바둑을 둘 때 아무리 큰 패가 생기더라도 이에 응하지 않는다는 뜻으로, 아무리 집적거려도 응하지 않고 고집을 부린다는 말.

말대필절/末大必折

가지가 크면 줄기가 부러진다는 말로서, 지족(支族)이 강대하면 종가가 쓰러진다는 뜻.

말류지폐/末流之弊

잘해 내려오던 끝판에 생기는 폐단.

망국지음/亡國之音

나라를 망칠 음악이란 뜻으로, 음란하고 사치한 음악을 이르는 말.

망극지통/罔極之痛

부모나 임금 등에 관련되어 일어난 일로 그지없는 슬픔.

망년지우/忘年之友

연장자가 나이에 거리끼지 않고 허물없이 대하여 사귄 친구.

망리투한/忙裏偸閑

바쁜 중에도 틈을 타서 마음을 즐겁게 함.

망매해갈/望梅解渴

목이 마른 병졸이 신 실구 애기를 듣고 입에 침이 고여 목마름을
풀었다는 고사.

망무두서/茫無頭緒

정신이 아득하여 일머리를 찾을 수 없음.

망문투식/望門投食

노자가 떨어졌을 때에 남의 집에 찾아가서 얻어 먹음을 이름.

망신망가/忘身忘家

몸과 가솔(家率)을 마음 속에서 잊는다는 뜻으로, 개인적인 것은
돌보지 않고 오직 나라와 공을 위해 자신을 헌신함을 이름.

망양/望羊

널리 바라다 봄. 또 무한의 뜻.

망양보뢰/亡羊補牢

양을 잃고서 그 우리를 고친다는 뜻으로, ①실패한 후에 일을 대
비한다는 말. ②이미 때늦었다는 뜻.

망양지탄/望洋之歎

광대한 바다를 보고 탄식한다는 뜻으로, 어떠한 일에 자기의 힘
이 미치지 못할 때에 하는 탄식을 가리키는 말.

망운지정/望雲之情

멀리 떠나온 자식이 부모를 그리는 정을 이르는 말.

망은배의/忘恩背義

은혜를 잊고 의리를 배반함.

망자존대/妄自尊大

망령되이 자기만 잘났다고 뽐내어 자신을 높이고 남을 업신여김.

망족/忘足

신이 발에 맞아 단지 신이 가는 것만 알고 발 가는 것을 잊는다
는 말로, 소요자적(逍遙自適)의 뜻임.

망중유한/忙中有閑

바쁜 중에도 또한 한가한 짬이 있음.

망중한/忙中閑

바쁜 중에 잠깐 짜낸 여가. 바쁜 중의 틈. 바쁜 속의 편안.

망지일목/網之一目

새는 그물의 한 코에 걸려 잡히지만, 새 그물을 한 코만 만들어
치면 잡히지 않는다는 뜻.

망징패조/亡徵敗兆

망하거나 결딴 날 징조. 망할 징조.

망풍이미/望風而靡

소문에 미리 겁을 먹고 맞서려고도 하지 않고 뿔뿔이 흩어져 도
망감을 이르는 말.

매두몰신/埋頭沒身

매우 바쁜 일에 파묻혀 헤어나지 못함. 일에 달라붙어 물러날 줄
모름.

매문매필/賣文賣筆

돈을 벌려고 실속 없는 글을 짓거나 또는 글씨를 써서 팖.

매방초시/每榜初試

과거(科擧)를 볼 때마다 초시(初試)에는 언제나 합격되나 복시
(覆試)에는 낙제함.

매염봉우/賣鹽逢雨

소금을 팔다가 비를 맞는다는 뜻으로, 일에 마(魔)가 끼어서 잘
안된다는 말.

매인열지/每人悅之

　모든 사람의 마음을 기쁘게 함.

매처학자/梅妻鶴子

　매화를 처로 삼고 하을 아들 삼는다는 뜻으로, 속세(俗世)를 멀리
하여 산간에 숨어사는 선비를 일컫는 말.

맥수지탄/麥秀之歎

　맥수(麥秀)란 보리가 무성하다는 말로, 옛날에 영화를 자랑하던
도읍에 보리가 무성해 있는 것을 보고 고국이 멸망한 것에 대한
탄식을 이르는 말.

맹귀부목/盲龜浮木

　눈먼 거북이가 떠내려오는 나무를 만나 그 구멍으로 들어간다는
뜻으로, 어려울 때 우연히 좋은 기회를 만남.

맹모단기지교/孟母斷機之敎

　맹자의 어머니가 아들이 학업을 중단하고 돌아왔을 때, 짜던 베
를 칼로 끊으면서 학문을 크게 이루라고 타이른 말로, 학문을 중
도에서 그만두면 짜던 베의 날을 끊는 것과 같이 아무 쓸모가 없
다는 말.

맹모삼천지교/孟母三遷之敎

　맹자의 어머니가 맹자를 가르치기 위해 세 번이나 이사했다는 뜻
으로, 자식을 힘껏 교육시키는 것을 말한다.

맹완단청/盲玩丹靑

　소경 단청 구경하듯이란 말로, 알지도 못한 위인이 아는 체한다
는 뜻.

맹인안질/盲人眼疾

　있으나 마나 아무 상관없다는 뜻.

맹자실장/盲者失杖

소경이 지팡이를 잃은 것처럼 믿고 의지할 곳이 없어진 것을 뜻함.

맹자정문/盲者正門
소경이 정문을 바로 찾아들어 간다는 뜻으로, 어리석은 사람이 어쩌다 이치에 들어맞는 바른 일을 하는 것의 비유.

맹자직문/盲者直門
장님이 문을 바로 들어갔다는 뜻으로, 우연히 요행수로 성공을 거두었음을 이름.

맹풍열우/猛風烈雨
몹시 세찬 비바람.

맹호복초/猛虎伏草
영웅은 일시적으로는 숨어 있지만 언젠가는 세상에 드러나게 마련이라는 말.

면력박재/綿力薄材
힘이 없어 솜처럼 약하고 재능조차 없음을 이름.

면리장침/綿裏藏針
솜 속에 바늘을 감추어 꽂는다는 뜻으로, 겉으로는 부드러운 듯 보이나 속으로는 아주 흉악함을 이름.

면색여토/面色如土
낯빛이 흙과 같다는 뜻으로, 놀람과 근심됨이 심해 얼굴빛이 달라짐을 이름.

면시염차/麵市鹽車
밀가루를 뿌린 장거리와 소금을 실은 수레라는 뜻으로, 눈이 많이 내린 것을 말함.

면예불충/面譽不忠
면전에서 칭친하는 사람은 마음에 성실성이 없다는 것을 이름.

면절정쟁/面折廷爭
군주의 면전에서 혹은 조정에서 군주의 덕 또는 정사(政事)에 관하여 논쟁을 함.

면종복배/面從腹背
겉으로는 받들어 복종하는 체하면서 내심으로는 훼방을 놓고 배반함.

면종후언/面從後言
면전에서는 기꺼이 순종하는 척하고 뒤로 가서는 비방과 욕설을 한다는 뜻.

멸문지화/滅門之禍
멸문을 당하는 큰 재앙. 멸문의 화근(禍根).

멸사봉공/滅私奉公
사(私)를 버리고 공(公)을 위하여 힘써 일함.

멸이가의/蔑以加矣
그 위에 더할 나위가 없음.

명감소이찰형/明鑑所以察形
맑은 거울은 사람의 모습을 비치어 살필 수 있듯이 지나간 옛일을 거울 삼으면 현재의 일도 알 수 있다는 뜻.

명견만리/明見萬里
총명한 것을 이름.

명경불피/明鏡不疲
맑은 거울은 몇 번이나 사람의 얼굴을 비쳐도 피로하지 않음을 이름.

명경위추부지원/明鏡爲醜婦之冤
맑은 거울은 못생긴 여인이 싫어한다는 뜻으로, 사악한 사람이 올바른 사람을 미워하고 원망한다는 뜻.

명경지수/明鏡止水

맑은 거울과 고요한 물이라는 뜻으로, 사념이 없는 아주 깨끗하고 고요한 심경을 일컫는 말.

명과기실/名過其實

널리 알려진 사실이나 이름이 실지의 내용보다 지나침.

명기누골/銘肌鏤骨

살갗에 표시하고 뼈에 새긴다는 뜻으로, 깊이 마음에 새기어 잊지 않음을 이르는 말.

명덕유형/名德惟馨

군주의 명덕(明德)이 좋은 향내와 같이 그윽한 것을 말함.

명명지지/冥冥之志

마음 속에 깊이 간직하고 외부에 드러내지 않음을 뜻함.

명모호치/明眸皓齒

눈동자가 맑고 이가 희다는 뜻으로, 미인을 일컫는 말.

명목장담/明目張膽

눈을 밝게 뜨고 쓸개를 크게 펼친다는 뜻으로, ①용기를 내어 말한다는 뜻. ②감히 확언을 한다는 뜻.

명불허득/名不虛得

명성이나 명예란 헛되어 얻을 수 있는 것이 아니라는 말.

명불허전/名不虛傳

이름은 헛되이 전하여지지 않는다는 뜻으로, 명예로운 이름은 마땅히 들을 만한 실적이 있어야 퍼진다는 말.

명산대천/名山大川

이름난 산과 큰 내.

명세지재/命世之才

세상을 구할 만한 뛰어난 인재.

명실상부/名實相符

　이름과 실상이 서로 들어맞음.

명심누골/銘心鏤骨

　마음에 간직하고 뼈에 새긴다는 뜻으로, 은덕(隱德)을 입은 것을 잊지 않는다는 말.

명심불망/銘心不忘

　마음 속 깊이 새겨 오래 잊지 아니함.

명약관화/明若觀火

　불을 보듯이 명백함.

명연의경/命緣義輕

　의(義)를 위해서는 생명을 아끼지 않는다는 뜻.

명월위촉/明月爲燭

　방에 비치는 밝은 달빛을 촛불로 삼음.

명월청풍/明月淸風

　밝은 달과 맑은 바람. 밝은 달밤에 부는 시원한 바람.

명일황화/明日黃花

　사물의 제 시기가 지난 것을 이름.

명재경각/命在頃刻

　거의 죽게 되어 숨이 곧 끊어질 지경에 이름.

명정언순/名正言順

　주의(主義)가 바르고 말이 이치에 맞음을 이름.

명조지손/名祖之孫

　이름난 조상의 자손.

명존실무/名存實無

　이름만 있고 실상은 없는 것, 즉 유명하기만 하였지 아무 실속 없음을 이름.

명주암투/明珠暗投

빛을 내는 구슬을 암야(暗夜)에 사람 발 밑에 던진다는 뜻으로서, 아무리 귀중한 것이라도 갑자기 사람 앞에 내놓으면 괴상하게 여긴다는 말.

모수자천/毛遂自薦

조(趙)나라에서 초(楚)나라에 구원을 청할 사자를 물색할 때 모수(毛遂)가 자기 자신을 천거했다는 고사에서 유래한 것으로, 자기가 자기를 추천한다는 뜻.

모순/矛盾

창과 방패란 말로, 말이나 행동의 앞뒤가 서로 일치하지 않을 때 쓰는 말.

모야무지/暮也無知

어두운 밤중에 하는 일이라서 보고 듣는 사람이 없음. 알 사람이 없음.

모춘삼월/暮春三月

봄이 저물어 가는 음력 삼월.

목본수원/木本水源

자식되는 사람은 자신의 근본을 생각하여야 한다는 말. 양친은 나무의 근본이며, 물의 근원과 같다는 뜻.

목불식정/目不識丁

낫 놓고 기역자도 모름. 즉 배운 것이 없는 사람이라는 뜻.

목불인견/目不忍見

딱하고 가엾어 차마 눈뜨고 볼 수 없음.

목석불부/木石不附

아무 데도 의지할 곳이 없음.

목왕지절/木旺之節

오행(五行)의 목기(木氣)가 성한 때, 곧 봄철을 달리 이르는 말.

목우인/木偶人

나무로 만든 인형이란 뜻으로, 어리석고 미련한 사람을 이름.

목자진열/目眥盡裂

눈초리가 다 찢어질 정도로 사납게 흘겨보는 모양.

목전지계/目前之計

앞날을 내다보지 못하고 눈앞에 보이는 한때만 생각하는 꾀.

몰착락/沒着落

(사건의 귀결이) 돌아갈 곳이 없음. 귀착(歸着)이 없음.

몽망착어/蒙網捉魚

그물을 머리에 쓰고 고기를 잡는다는 뜻으로, 우연히 운이 좋았음의 비유.

몽외지사/夢外之事

천만 뜻밖의 일.

몽중몽/夢中夢

꿈 속에서 또 꿈을 꾼다는 뜻으로, 인간 세상이 지극히 덧없고 허무함을 이르는 말.

몽중상심/夢中相尋

몹시 그리워 꿈 속에서까지 찾는다는 뜻으로 친밀함을 이름.

몽중설몽/夢中說夢

꿈 속에서 꿈 이야기하듯 한다는 뜻으로, 요령을 잡을 수 없는 말이란 뜻.

몽중점몽/夢中占夢

꿈 속에서 꿈의 길흉(吉凶)을 점(占)침. 몽중몽(夢中夢)에서 나온 말.

몽환포영/夢幻泡影

꿈·환상·거품·그림자·인생의 헛되고 덧없음의 비유.

묘년/妙年

스물 안쪽의 소년 소녀.

묘년재격/妙年才格

젊은 나이에 타고난 높은 품격과 재주.

묘당공론/廟堂公論

조정의 군신들이 모여 나라의 일을 논의하는 일.

묘두현령/猫頭縣鈴

고양이 목에 방울 달기. 곧 실행하기 어려운 공론(空論)을 뜻함.

묘목이공/墓木已拱

장례(葬禮)를 지낸 뒤 묘 옆에 나무를 심어 그 나무가 성장(成長)
하여 한 아름이 되도록 컸다는 뜻으로, 죽은 사람이 오래되었다
는 것을 표시(表示)한 말.

묘창해지일속/渺滄海之一粟

망망한 바다 가운데 좁쌀 하나만큼 하다라는 뜻으로, 매우 작고
보잘것없는 존재라는 뜻.

묘항현령/猫項懸鈴

고양이 목에 방울 달기라는 뜻.

무가무불가/無可無不可

사람의 언행(言行)이 모두 중용(中庸)에 맞아 과불급(過不及)이
없음.

무가보/無價寶

값을 칠 수가 없을 정도로 몹시 귀중한 보배.

무강근지친족/無强近之親族

가까운 친척이 없다는 말로, 의지할 데가 전혀 없는 외로운 처지
라는 뜻.

무거불측/無據不測

①언행이 상규를 벗어나 몹시 흉악함. ②근거가 없어 헤아리기 어려움.

무계지언/無稽之言

근거(根據) 없는 망설(妄說). 생각지 않고 함부로 하는 말.

무고지민/無告之民

①어디다 호소할 데가 없는 어려운 백성. ②의지할 데가 없는 노인이나 어린 아이.

무골호인/無骨好人

아주 순하여 남의 비위에 두루 맞는 사람.

무괴어심/無愧於心

마음에 부끄러운 것이 없음.

무궁지문/無窮之門

망막하여 끝없는 곳을 이름.

무근지설/無根之說

터무니없는 뜬소문. 근거 없는 낭설.

무념무상/無念無想

무아의 경지에 이르러 일체의 상념이 없음. 아무런 생각이 없음.

무도몰륜/無道沒倫

사람이 마땅히 지켜야 할 도리도 없고 인륜도 없음.

무두무미/無頭無尾

밑도 끝도 없음. 처음과 나중이 없음.

무등호인/無等好人

더할 나위 없이 사람됨이 좋은 사람. 그지없이 좋은 사람.

무량무변/無量無邊

그지없이 크고 넓음.

무로이득/無勞而得

　노력 없이 쉽게 얻음.

무릉도원/武陵桃源

　신선이 살았다는 전설적인 중국의 명승지로, 이 세상과 따로 떨어진 별천지, 곧 이상향(理想鄕)을 가리킨다.

무망지세/無妄之世

　반드시 이익을 받을 세상.

무목지하무풍초/茂木之下無豊草

　무성한 나무 아래에는 무성한 풀이 없음.

무문곡필/舞紋曲筆

　붓을 함부로 놀려 왜곡된 문사(文辭)를 씀.

무물부존/無物不存

　없는 물건이 없음.

무미불촉/無微不燭

　썩 작은 일까지 환하게 다 살피는 일.

무변무애/無邊無礙

　광막하여 끝이 없음.

무부무군/無父無君

　어버이도 모르고 임금도 모르는 난신적자(亂臣賊子)를 가리키는 말로, 그 행동이 매우 어지러운 사람을 보고하는 말.

무불간섭/無不干涉

　함부로 남의 일에 간섭함.

무불통지/無不通知

　무슨 일이든지 다 통하여 환히 앎.

무사가답/無辭可答

　사리가 떳떳하여 감히 대꾸할 말이 없음.

무사자통/無師自通

　일정한 스승이 없이 스스로 연구하고 공부하여 깨쳐 앎.

무산지몽/巫山之夢

　무산에서 꾼 꿈이란 뜻으로, 이 고사로 인해 남녀간의 밀회나 정
　사를 일컫는 말이 되었다.

무산지운/巫山之雲

　남녀간의 애정이 깊음을 비유한 말.

무상고공/無常苦空

　인생이 무상하고 공허함을 이름.

무상무념/無想無念

　일체의 상념을 떠남.

무소기탄/無所忌憚

　아무것도 꺼려 하는 것이 없음.

무소조수녹/無所措手足

　두려워하여 몸둘 곳이 없다는 말.

무수지수/貿首之讐

　목을 바꿔 벨 만한 원수라는 뜻으로, 불공대천지수와 같은 말.

무실역행/務實力行

　참되고 실속 있도록 힘써 실행함.

무언거사/無言居士

　①수양을 쌓아 수다하지 않은 사람을 좋게 이르는 말. ②구변(口
　辯)이 없어서 의사 표시를 못하는 사람을 빈정거리는 말.

무여열반/無餘涅槃

　번뇌를 끊고 분별의 지(智)를 떠나 육신까지 없애고 정적(靜寂)에
　돌아 간 경지. 곧 죽은 후에 들어가는 열반.

무염지욕/無厭之慾

만족할 줄 모르는 끝없는 욕심. 한이 없는 욕심.

무용지용/無用之用
평상시 아무 쓸모가 없다고 생각하던 것이 때로는 어느 것보다 더 용하게 쓰인다는 뜻.

무위도식/無爲徒食
아무 하는 일 없이 먹기만 함. 놀고 먹음.

무위무사/無爲無事
하는 일이 없으니 탈도 없음. 하는 일도 없고 할 일도 없음.

무위이화/無爲而化
어떠한 행위 없이도 이루어진다는 뜻으로, 애써 공들이지 않아도 스스로 변화하여 잘 이루어진다는 말.

무육지은/撫育之恩
잘 돌보아 고이 길러 준 은혜.

무의무탁/無依無托
의지하고 의탁할 곳이 전혀 없음.

무이무삼/無二無三
유일하여 비할 것이 없음. 곧 매우 열중하는 모양의 비유.

무인지경/無人之境
①사람이라고는 전혀 살지 않는 지역. ②아무것도 거칠 것이 없는 판.

무인지전/無因至前
까닭 없이 눈앞에 닥침.

무일가관/無一可觀
한 가지도 족히 볼 만한 것이 없음.

무일망지/無日忘之
하루도 잊지 않음.

무일불/無日不

날마다 하지 않는 날이 없음. 날마다 하는 일을 되풀이함을 이름.

무일불성/無一不成

하나도 이루지 못할 일이 없음. 안 되는 일이 없음.

무일호차/無 毫差

조금도 틀림이 없음.

무자비/無慈悲

인정이나 사정에 끌림이 없이 냉혹함. 딱한 사람을 사랑하고 가엾게 여기는 마음이 없음.

무장공자/無腸公子

①담력이나 기개가 없는 사람을 비웃어 이르는 말. ②창자가 없다는 뜻으로, '게'를 이르는 말

무재아귀/無財餓鬼

극히 가난하여 음식을 목으로 넘길 수 없는 아귀.

무정지책/無情之責

아무런 까닭도 없이 하는 책망.

무족가책/無足可責

사람의 됨됨이가 가히 책망할 나위도 없음.

무주고총/無主古塚

임자가 없는 옛 무덤.

무주공산/無主空山

①인가도 인기척도 전혀 없는 쓸쓸한 산. ②임자 없는 산.

무중생유/無中生有

아무 일도 없는 데서 억지로 말썽거리를 만들어 낸다는 말.

무지망작/無知妄作

무지하여 마구 덤벙거리기만 함.

무처부당/無處不當

  무슨 일에든지 감당 못할 것이 없음.

무천매귀/貿賤賣貴

  싼 값으로 사서 비싼 값으로 팔음.

무타장/無他腸

  마음 속에 별다른 악의가 없다는 뜻.

무편무당/無偏無黨

  어느 한쪽에 기울지 않고 중정(中正)함. 공평함을 말함.

무풍랑기/無風浪起

  자연의 도리를 비유한 말.

무하유지향/無何有之鄕

  어떠한 인위도 없는 자연 그대로의 낙토(樂土).

무하저처/無下箸處

  젓가락을 댈 곳이 없다는 뜻으로, 먹을 만한 음식이 없음.

문경지교/刎頸之交

  생사를 같이 하여 목이 떨어져도 두려워하지 않을 만큼 친한 사
  이를 뜻한다.

문과기실/文過其實

  겉을 꾸미는 것이 자기 신분에 지나침.

문과수비/文過遂非

  잘못된 허물을 어물어물 숨기고 뉘우치지 않음.

문당호대/門堂戶對

  문벌이 상대가 될 정도로 엇비슷함.

문방사우/文房四友

  서재에 꼭 있어야 할 네 벗, 즉 붓·벼루·종이·먹.

문외불출/門外不出

책이나 귀중품 따위를 비장하여 남에게 내거나 빌리지 않음.

문인상경/文人相輕

문예에 종사하는 사람은 스스로를 높이 가지고 남을 경모(輕侮)하는 풍습이 있음을 이름.

문일지십/聞一知十

한 가지를 들으면 열을 미루어 안다는 뜻으로, 지극히 총명함을 일컫는 말.

문전성시/門前成市

세도가의 집 앞이 찾아드는 방문객들로 인해 시장 같다는 말로, 세상 인심의 덧없음을 보여 주는 말.

문전옥답/門前沃畓

집 가까이 있는 기름진 전답. 많은 재산을 일컬음.

문전작라/門前雀羅

세도가 몰락하거나 가세가 기울어지면 문 앞에 새그물을 쳐놓을 수 있을 정도로 방문객이 뜸해진다는 말.

문질빈빈/文質彬彬

겉모양의 아름다움과 속내의 미가 서로 잘 어울린 모양.

문필도적/文筆盜賊

남의 글이나 저술을 베껴 마치 제가 지은 것처럼 써먹는 사람.

물구즉신/物久則神

물건이 오래 묵으면 반드시 변화가 생긴다는 말. 잉어가 오래 묵으면 용이 된다든지, 개를 오래 먹이면 좋지 않다고 하는 등의 사상은 이에서 온 것임.

물부충생/物腐蟲生

사물이 썩으면 벌레가 생긴다는 뜻으로, 불건전한 사회와 부패한 정치는 곧 범죄와 비리의 무대가 된다는 말.

물실호기/勿失好機

좋은 기회를 놓치지 않음.

물심일여/物心一如

마음과 형체가 구분됨이 없이 하나로 일치된 상태.

미관말직/微官末職

지위가 아주 낮은 벼슬.

미대난도/尾大難掉

꼬리가 커서 흔들기가 어렵다는 뜻으로, 일의 끝이 크게 벌어져
서 처리하기가 어려움을 이르는 말.

미록성정/麋鹿性情

시골에서 배우지 못하여 함부로 행동하는 성격의 비유.

미복/微服

지위가 높은 사람이 무엇을 몰래 살피러 다닐 때 입는 남루한 옷
차림. 미행할 때의 복장.

미봉/彌縫

터진 곳을 임시로 얽어맨다는 뜻으로, 임시 변통으로 그때그때
순간을 메우는 것을 말한다.

미사여구/美辭麗句

아름다운 말로 꾸민, 듣기 좋은 글귀.

미생지신/尾生之信

미생의 믿음이란 뜻으로, 쓸데 없는 명목에 구애된 나머지 너무
고지식하여 융통성이 없음을 비유한 말.

미시기의/微示其意

분명히 말하지 않고 눈치만 보임.

미음완보/微吟緩步

작은 소리로 읊으며 천천히 거닒.

민고민지/民膏民脂

백성의 피와 땀. 곧 백성에게서 조세로 거둔 돈이나 곡식을 이름.

민궁재갈/民窮財渴

국민은 곤궁하고 나라의 재물은 다 없어짐.

민보어신/民保於信

백성은 신의가 있을 때 안정된다는 말. 신의에 의해서만 백성은 잘 다스려진다는 말.

민첩혜할/敏捷慧黠

눈치 빠르고 약삭 빠름.

박람강기/博覽强記
동서고금의 여러 가지 책을 많이 읽고 사물을 잘 기억함.

박면피/剝面皮
파렴치한 사람을 욕보이는 것을 이름.

박문약례/博文約禮
널리 학문을 닦고 사리를 깨달아 예절을 잘 지킴.

박물군자무불간섭/博物君子無不干涉
무슨 일에나 아는 체하고 나서서 간섭하는 사람을 이름.

박부득이/迫不得已
일이 매우 급박하여서 간두려 하여도 그만둘 수가 없음.

박빙여림/薄氷如臨
살얼음을 밟는 것처럼 대단히 위태함을 이르는 말.

박장대소/拍掌大笑
손뼉을 치며 크게 웃음.

박지약행/薄志弱行
의지와 투지가 박약하여 일을 단행할 결단성이 없거나, 조금도 어려움을 견디지 못함.

박학다문/博學多聞

학식과 견문이 매우 넓음.

박학독지/博學篤志

널리 공부하여 덕을 닦으려고 뜻을 굳건히 함을 이름.

반계곡경/盤溪曲徑

꾸불꾸불한 길이라는 뜻으로, 정당한 방법으로 하지 않고 옳지 못한 방법을 써서 억지로 일을 한다는 말.

반구이부신/反裘而負薪

갓옷의 털이 상할까 봐 뒤집어 입고 나무를 등에 졌더니 도리어 갓옷이 못 쓰게 되었다는 말로, 하나만 알고 둘은 모르는 사람.

반근착절/盤根錯節

구부러진 뿌리가 많이 내려 마디가 얽혀 있다는 뜻으로, 얼크러져 매우 처리하기 어려운 일을 말한다.

반도이폐/半途而廢

일을 하다가 중도에서 그만둠.

반면지분/半面之分

얼굴을 반만 아는 사이라는 뜻으로, 안면만 약간 있는 사이.

반면지식/半面之識

서로 깊이는 알지 못하는 사이.

반목질시/反目嫉視

서로 미워하고 시기하는 눈으로 봄.

반박지탄/斑駁之嘆

편파적이고 불공정함에 대한 한탄.

반벽강산/半壁江山

절벽에 둘러싸인 풍경.

반복무상/反覆無常

언행을 늘 이랬다 저랬다 하여 종잡을 수 없음.

반복소인/反覆小人

　일을 이랬다 저랬다 하여 갈피를 잡을 수 없는 사람을 이름.

반상낙하/半上落下

　무슨 일을 처음에는 정성껏 하다가 중도에 그만두어 이루지 못
함.

반상반하/半上半下

　위아래의 어느 쪽에도 붙지 않는다는 뜻으로, 태도나 성질이 모
호함을 이르는 말.

반생반사/半生半死

　거의 죽게 되어서 죽을는지 살는지 알 수 없는 지경에 이름.

반소사/飯疏食

　거칠고 반찬 없는 밥이라는 뜻으로, 안빈낙도(安貧樂道)함을 일
컫는 말.

반수기앙/反受其殃

　남에게 재앙을 끼치려다가 도리어 재앙을 받음.

반수발사/反首拔舍

　머리는 헝클어지고 옷은 해어진 초라한 모습을 하고 한데서 잠.

반승반속/伴僧半俗

　반은 중이요 반은 속인이라는 뜻에서, 곧 무어라고 뚜렷한 명목
을 붙이기 어려울 때 쓰는 말.

반식재상/伴食宰相

　밥만 축내는 재상이라는 말로, 자리만 차지하고 있는 무능한 사
람을 비꼬아 하는 말.

반신반의/半信半疑

　참과 거짓을 판단하기 어려워 반쯤은 믿고 반쯤은 의심함.

반신반인/半神半人

반은 신(神)인 사람. 아주 영묘한 사람.

반양기지족/絆良驥之足

천리마(千里馬)의 발을 묶음. 전(轉)하여 현자(賢者)를 구속함을 이름.

반의지희/班衣之戱

늙은 어버이의 마음을 위로해 드리기 위하여 색동저고리를 입고 기어가 보인다는 뜻으로, 늙어서까지 끊임없이 부모에게 효도함을 이르는 말.

반자불성/半字不城

글자를 반만 쓰는 것은 아무것도 아니라는 말로, 일을 시작하면 끝까지 하여야 무엇이나 되지 하다가 말면 아무것도 안 된다는 뜻.

반자지명/半子之名

아들과 같다는 뜻으로, 사위를 일컫는 말.

반포조/反哺鳥

반포하는 새라는 뜻으로, 까마귀를 달리 이르는 말.

반포지효/反哺之孝

자식이 자라서 어버이의 은혜에 보답하는 효성.

반호벽용/礬號擗踊

부모의 죽음을 애통하여 땅을 치고 울부짖으며 가슴을 치고 펄펄 뜀.

반흉반길/半凶半吉

길흉이 서로 반반씩 섞임. 한편 길하기도 하고 한편 흉하기도 함.

발간적복/發奸摘伏

숨겨져 있는 일이나 정당하지 못한 죄상을 집어냄.

발군공적/拔羣功績

여럿 중에서 뛰어난 공적.

발단심장/髮短心長

몸은 늙었으되 일의 계획과 처리는 잘함.

발란반정/撥亂反正

어지러운 세상을 다스려 평안하게 하고 나쁜 임금을 폐하고 새 임금이 들어섬.

발본색원/拔本塞源

뿌리를 뽑아 근원을 막는다는 뜻으로, 폐단의 근원을 찾아 아주 뽑아서 없애 버린다는 말.

발분망식/發憤忘食

발분하여 끼니까지 잊고 노력한다는 뜻으로, 한가지 일을 성취하기 위하여 바삐 돌아다님을 이르는 말.

발산개세/拔山蓋世

영웅의 힘이 세고 기상이 크다는 뜻.

발진한로/撥盡寒爐

추운 날에 화로의 불을 헤치는 것.

방기곡경/旁岐曲徑

꾸불꾸불한 길이라는 뜻으로, 공명하고 정당한 방법을 떠나서 옳지 못한 길로 들어 일을 한다는 말.

방약무인/傍若無人

옆에 사람이 없는 것처럼 주위 사람을 전혀 의식하지 않은 채 자기 뜻대로 행동하는 것을 말한다.

방어리이행다원/放於利而行多怨

자기 혼자의 편의만을 위해서 행동한다면 남의 원망을 많이 산다는 뜻.

방언고론/放言高論

마음 먹은 대로 아무 거리낌 없이 하는 소리.

방외시시/方外之志
속세를 떠나 불문(佛門)에 들어가고 싶어하는 뜻.

방의여성/防意如城
각자의 의견이 분분한 것을 막는 것.

방장지년/方壯之年
한창 때의 나이.

방저원개/方底圓蓋
네모진 밑바닥에 둥근 뚜껑을 덮는 것처럼 서로 맞지 않음을 비유하는 말.

배도겸행/倍道兼行
보통 사람이 이틀에 갈 길을 하루에 걸음.

배반낭자/杯盤狼藉
술잔과 접시가 어지럽게 흩어져 있다는 뜻으로, 술자리가 파한 뒤의 난잡한 모양을 말함.

배산임수/背山臨水
땅의 형세가 산을 등지고 물에 면하고 있음.

배수진/背水陣
물을 등지고 진을 친다는 뜻으로, 목숨을 걸고 어떤 일에 대처하는 경우를 비유하는 말.

배은망덕/背恩忘德
은혜를 등지고 저버림.

배중사영/杯中蛇影
술잔 속에 비친 뱀의 그림자란 뜻으로, 쓸데 없는 의심이 근심을 만든다는 뜻이다.

배회고면/徘徊顧眄

아무 목표 없이 이리저리 거닐면서 뒤돌아 봄.

백계무책/百計無策

어려운 일을 당하여 아무리 좋은 계책을 다 써봐도 소용이 없음.

백골난망/白骨難忘

죽어 백골이 될 때까지 잊지 못함.

백구과극/白駒過隙

흰 말이 획 지나가는 것을 문틈으로 보는 것과 같이 인생의 덧없음을 일컬음.

백금지사/百金之士

백금을 받을 용사라는 뜻으로, 매우 큰 공을 세운 용사를 이르는 말.

백난지중대인난/百難之中待人難

사람 기다리는 것이 가장 어려운 일이라는 말.

백년지객/百年之客

한 평생을 두고 늘 어려운 손으로 맞아 준다는 뜻으로, 처갓집에서 사위를 두고 하는 말.

백년하청/百年河淸

백 년을 기다려도 황하의 흐린 물은 맑아지지 않는다는 뜻으로, 아무리 오래 기다려도 뜻이 이루어지기 어렵다는 말.

백년해로/百年偕老

백 년을 함께 늙음. 부부가 즐겁게 함께 늙음.

백대지과객/百代之過客

영원히 지나가고 다시 돌아오지 않는 나그네. 곧 세월을 가리킴.

백대지친/百代之親

아주 오랜 이전부터 가깝게 지내 오는 일가 사이의 친분.

백두여신/白頭如新

머리가 셀 때까지 오랫동안 사귀어도 서로 상대방을 이해하지 못하면, 새로 사귄 벗과 조금노 다름이 없음을 이르는 말.

백락일고/伯樂一顧

명마(名馬)가 백락(伯樂)을 만나 세상에 알려진 것처럼 현자에게 지우(知遇)를 받음을 이름.

백령백리/百怜百俐

여러 가지 일에 매우 민첩함. 모든 일에 영리함.

백로강백초/白露降百草

가을 밤에 찬 이슬이 초목 위에 내림을 이름.

백록시하/百祿是荷

하늘로부터 많은 행복을 받음.

백리부미/百里負米

빈한하면서 부모에게 효도함을 이름.

백리지로일지락/百里之勞日之樂

오랫동안 고생하여 하루의 환락을 얻음.

백리지해불능음일부/百里之海不能飮一夫

세상에 완전한 것이 없다는 말.

백만교태/百萬嬌態

사람의 마음을 끌려고 부리는 매우 아양스러운 태도.

백면서생/白面書生

오직 글만 읽고 세상 일에 경험이 없는 사람.

백무가관/白無可觀

많은 것 중에서 가히 볼 만한 것이 없음.

백무일실/百無一失

일마다 하나도 실패가 없음.

백무일취/百無一取

많은 말과 행실 중에 하나도 쓸 만한 것이 없음.

백문불여일견/百聞不如一見

백 번 듣는 것이 한 번 보는 것만 못하다는 뜻으로, 무엇이든지 실지로 경험해야만 확실히 알 수 있다는 말.

백미/白眉

흰눈썹을 가진 사람이 가장 뛰어났다는 뜻으로, 여러 사람이나 무리 중에 가장 뛰어난 물건이나 사람을 말한다.

백미음식/百味飮食

여러 가지 공양하는 음식을 이름.

백반청추/白飯靑芻

종에게 백반을 주고, 말에게 싱싱한 풀을 줌은 주인이 크게 후대하다는 뜻.

백발백중/百發百中

①총 활 등이 겨눈 곳에 꼭꼭 맞음. ②앞서 생각한 일들이 꼭꼭 들어맞음. ③하는 일마다 실패 없이 잘 됨.

백배사례/百拜謝禮

몹시 고마워 거듭거듭 사례함.

백벽미하/白璧微瑕

거의 완전하나 약간의 흠이 있음.

백불실일/百不失一

결코 목적한 바를 잊지 아니함.

백불유인/百不猶人

모두가 남만 같지 못함.

백사불성/百事不成

모든 일이 다 되지 않음.

백사재니여지개흑/白沙在泥與之皆黑

사람의 환경이나 습관이 인생에 중대한 영향을 끼침을 이름.

백사청송/白沙靑松

흰 모래밭의 군데군데에 푸른 소나무가 모여 있거나 드문드문 섞여 있는 바닷가의 아름다운 경치를 이르는 말.

백세지사/百世之師

오랜 후세까지 모든 사람의 스승으로 받듦을 받는 사람을 일컫는 말.

백수건달/白手乾達

아무것도 없는 멀쩡한 건달.

백수북면/白首北面

재덕이 없는 사람은 늙어서도 북쪽을 향하여 스승의 가르침을 빈다는 말.

백수풍진/白首風塵

머리가 하얗게 센 말년에 겪는 세상의 어지러움.

백아절현/伯牙絶鉉

백아가 친구의 죽음을 슬퍼해 거문고 줄을 끊었다는 뜻으로, 참다운 벗의 죽음을 이르는 말.

백왕흑귀/白往黑歸

처음과 끝이 다름.

백운고비/白雲孤飛

멀리 떠나온 자식이 어버이를 그리워한다는 말.

백의재상/白衣宰相

유생으로서 단번에 벼슬에 오른 사람.

백이사지/百爾思之

여러 가지로 이리저리 생각해 봄.

백인가도/白刃可蹈

용기 있음을 이름.

백인유아이사/伯仁由我而死

백인(伯仁)이 나로 말미암아 죽었다는 뜻으로, 다른 사람이 화(禍)를 받은 것이 자기 때문일 때 한탄하여 이르는 말.

백일몽/白日夢

대낮에 꿈을 꾼다는 뜻으로, 허황된 공상을 하고 있음을 비유한 말.

백일승천/白日昇天

대낮에 하늘로 올라간다는 뜻으로, 신선이 된다는 말.

백일청천/白日靑天

밝은 해가 비치고 맑게 갠 푸른 하늘.

백전노장/百戰老將

많은 싸움을 치른 늙은 장수라는 뜻으로, 모든 일에 노련한 사람을 이름.

백절불요/百折不撓

실패를 거듭해도 뜻을 굽히지 않음을 이름.

백족화상/白足和尙

석가(釋迦)를 뜻함.

백주지조/柏舟之操

편백 나무의 지조란 뜻으로, 남편을 잃은 아내가 굳은 절개를 지키는 것을 비유한 말.

백중지간/伯仲之間

우열(優劣)을 분간할 수 없을 만큼 서로 맞먹는 사이.

백척간두/百尺竿頭

백 척이나 되는 높은 장대 위에 올라섰으니 위태로움이 극도에 달하였다는 말.

백천이원이개귀우해/百川異源而皆歸于海

사람이 각기 걷는 길은 다르나 그 귀착점에 있어서는 한가지라는 뜻.

백화난만/百花爛漫

온갖 꽃이 활짝 펴 흐드러짐.

백흑지변/白黑之辨

선과 악의 구별, 정(正)과 사(邪)의 가림.

번리지안/蕃籬之鷃

담장에 앉아 있는 종달새라는 뜻으로, 식견이 좁고 옹졸한 사람을 가리키는 말.

벌성지부/伐性之斧

사람의 천부(天賦)의 양심을 끊는 도끼. 사람의 마음을 탕하게 하여 성명(性命)을 잃게 하는 것. 즉 여색과 요행을 경계하는 말로 쓰임.

범성일여/凡聖一如

상(相)의 차이는 있으나, 이성(理性)에 있어서는 범부(凡夫)나 성자(聖者)가 동일하다는 말.

범애중이친인/汎愛衆而親仁

공평하게 세인(世人)을 사랑하고 인덕(仁德)있는 사람과 가깝게 지내는 것.

법어지언/法語之言

올바른 말로 사람들을 가르치는 것.

법원권근/法遠拳近

법은 멀고 주먹은 가깝다는 뜻.

벽계산간/碧溪山間

푸른 시내와 산골.

벽립천인/壁立千仞

암석이 높이 솟아 있음을 이름.

벽유이/壁有耳

벽에 귀가 있다는 뜻으로, 경솔히 말을 하지 말라는 뜻.

벽재일우/僻在一隅

교통이 불편하여 아주 궁벽하게 한 구석에 치우쳐서 있음.

벽토척지/闢土拓地

버려 두었던 땅을 갈고 다루어서 쓸모 있게 만듦.

벽파문벌/劈破門閥

사람을 골라서 벼슬을 시키는데 문벌에 구애되지 않음.

변동일실/便同一室

남남끼리 사이가 아주 가까워 한 가족 같음을 이르는 말.

변족이식비/辯足以飾非

말솜씨가 매우 교묘하여 자기의 잘못을 잘 꾸며댐.

별개생면/別開生面

①따로 새로운 분야를 개척함. ②남달리 기예가 뛰어남.

별유천지비인간/別有天地非人間

속세 이외의 천지가 있다는 뜻으로, 산중(山中)의 조용한 곳을 이름.

별이청지/別而聽之

한 사람 한 사람에게 물어 봄.

병련화결/兵連禍結

전란이 장구하게 계속하여 좀처럼 끝나지 않음을 이름.

병불이신/病不離身

병이 몸에서 떠날 날이 없음.

병이지성/秉彝之性

떳떳하게 타고난 천성.

병입고황/病入膏肓

병이 고황, 즉 몸의 가장 깊은 곳까지 들어갔다는 뜻으로, 병이 중태에 빠져 완치될 가망이 없음을 말한다. 고(膏)는 심장의 아래, 황(肓)은 횡경막과 심장의 사이를 말한다.

병자흉기/兵者凶器

무기는 사람을 해치는 것이므로 흉기라 함.

병종구입화종구출/病從口入禍從口出

병은 입을 따라 들어오고 화는 입을 따라 나가는 것으로, 병은 음식을 잘못 먹어 생기고 화는 말을 잘못하여 생긴다는 말.

병풍상서/病風傷暑

바람에 병들고 더위에 상함. 곧 고생스러운 세상살이에 쪼들림을 말함.

병풍상성/病風喪性

병으로 인하여 마음이 들떠서 본성을 잃어 버림.

보과습유/補過拾遺

임금의 잘못을 바로잡아 고치게 함.

보국안민/輔國安民

나라를 돕고 백성을 편안하게 함.

보보생연화/步步生蓮花

미인의 느린 걸음의 아리따움을 비유한 말.

보우지차/鴇羽之嗟

백성이 전역(戰役)에 종사하므로 부모를 모시고 봉양을 하지 못하는 한탄.

보이국사/報以國士

남을 국사(國士)로 대우하면 자기도 또한 국사로 대접을 받는다는 뜻으로, 지기(知己)의 은혜에 감동함.

보천지하/普天地下

　온 하늘의 아래라는 뜻으로, 넓은 세상을 이르는 말. 온 세상. 통
천하(通天下).

복경호우/福輕乎羽

　복은 새털보다도 가볍다는 뜻으로, 자기 마음 여하에 따라 행복
하게 된다는 말.

복과재생/福過災生

　복이 너무 지나치면 도리어 재앙이 생기는 법이라 하는 말.

복배지모/腹背之毛

　배와 등에 난 털이라는 뜻으로, 쓸데 없음을 비유.

복배지수/覆盃之水

　엎지른 물이란 뜻으로, 이미 저지른 일은 아무리 다시 수습하려
해도 미치지 못한다는 뜻.

복생어미/福生於微

　복은 조그마한 일에서부터 싹튼다는 말.

복생어은약/福生於隱約

　복은 은미(隱微)하여 사람의 눈에 보이지 않는 데서 생긴다는 뜻.

복생유기/福生有基

　행복이 오는 것은 그 원인이 있다는 말.

복소지하부유완난호/覆巢之下復有完卵乎

　뿌리가 죽으면 가지나 잎은 자연히 따라 죽는다는 뜻.

복수불수/覆水不收

　한 번 엎지른 물은 다시 그릇에 담을 수 없다는 뜻으로, ①여자가
한번 남편을 떠나면 다시 돌아올 수 없음을 이름. ②다시 수습할
수 없는 일을 이름.

복심지신/腹心之臣

　마음을 한가지로 하고 덕을 함께 하는 신하.

복심지우/腹心之友

　마음이 맞는 극진한 친우를 이름.

복지심령/福之心靈

　행복하게 되면 정신도 영명(靈明)하게 된다는 말.

복지유체/伏地流涕

　땅에 엎드려서 눈물을 흘림.

본말전도/本末顚倒

　일의 위치 또는 이치가 뒤바뀌어 거꾸로 됨.

본연지성기질지성/本然之性氣質之性

　사람의 성품에는 선천적(先天的)인 것과 후천적(後天的)인 것의
　두 가지가 있다는 뜻.

봉두난발/蓬頭亂髮

　쑥대강이같이 흐트러진 머리털.

봉모인각/鳳毛麟角

　매우 드물게 뛰어난 인물을 칭찬하여 이르는 말.

봉생마중불부이직/蓬生麻中不扶而直

　삼밭에 있는 쑥은 도와 주지 않아도 곧게 자란다는 뜻으로, 나쁜
　사람도 착한 사람들 사이에서 자라면 저절로 그 감화를 받아서
　착하게 됨을 비유한 말.

봉인첩설/逢人輒說

　만나는 사람마다 붙들고 지껄여 소문을 널리 퍼뜨림.

봉접수향/蜂蝶隋香

　벌과 나비가 향기를 따라 옴.

봉필생휘/蓬蓽生輝

봉필(蓬蓽)은 쑥이나 가시덤불로 지붕을 이었다는 뜻으로, 가난한 사람의 집에 고귀한 손님이 찾아옴을 영광으로 생각한다는 말을 이름.

부고발계/婦姑勃谿

며느리와 시어머니가 서로 싸우는 것을 이름.

부귀재천/富貴在天

부귀는 하늘에 매여 있어 인력으로는 어찌할 수 없다는 뜻.

부귀핍인래/富貴逼人來

사람이 힘써 행하면 부귀는 곧 다가온다는 말.

부동심/不動心

마음이 외부의 충동을 받아도 흔들리지 않음. 사리사욕에 움직이지 않는 마음.

부득요령/不得要領

요령을 못 잡음.

부로위고/婦老爲姑

며느리가 늙으면 시어머니가 된다는 말로, 나이가 어리다고 업신여기지 말라는 뜻.

부미백리지외/負米百里之外

가난한 살림이면서 부모에게 효성이 극진함을 이름.

부불훼호난제/膚不毁虎難制

호랑이를 잡자면 그 껍질을 상하게 하지 않을 수 없다는 뜻으로, 무슨 일이나 수고하지 않으면 이루어지지 않는다는 말.

부상대고/富商大賈

밑천이 많아야 크게 장사할 수 있다는 말.

부생모육/父生母育

아버지는 낳게 하고 어머니는 기름.

부속지루/負俗之累

　뛰어나게 훌륭한 사람이 한동안 세상 사람들의 쓸데 없는 희롱을 받게 되는 괴로움.

부운지지/浮雲之志

　하늘에 떠도는 구름처럼 부귀공명에 사로잡히지 않는 마음.

부유인생/蜉蝣人生

　하루살이 인생. 허무하고 덧없는 인생.

부전자전/父傳子傳

　자자손손이 전하여 가진다는 뜻으로, 대대로 아버지가 아들에게 전함.

부창부수/夫唱婦隨

　남편이 창을 하면 아내도 따라 해야 한다는 뜻으로, 남편 주장에 아내가 따르는 것이 부부 화합의 도리라는 말.

부화뇌동/附和雷同

　일정한 견식이 없이 남의 말에 찬성해 같이 행동함.

북창삼우/北窓三友

　거문고와 술과 시(詩)의 일컬음.

분골쇄신/粉骨碎身

　①뼈가 가루가 되고 몸이 부서지도록 노력함. ②목숨을 내놓고 힘을 다하여 싸움. ③참혹하게 죽음 또는 죽임.

분기충천/憤氣沖天

　분한 기운이 하늘에 솟구치듯 대단함.

분서갱유/焚書坑儒

　진나라 시황제가 민간의 서적을 불사르고 유생을 구덩이에 묻어 죽인 일.

불가사의/不可思議

사람의 생각으로는 미루어 헤아릴 수 없이 이상야릇함.

불감생의/不敢生意

힘에 부쳐서 감히 할 생각도 못함.

불경지설/不經之說

허망하고 간사한 말.

불공대천지수/不共戴天之讎

함께 하늘을 이고 살 수 없는 원수라는 뜻으로, 이 세상에서 함께
살 수 없는 원수를 일컫는 말.

불고전후/不顧前後

일의 앞과 뒤를 돌아보지 않음.

불공함락/不攻陷落

공격하지 아니하고 함락함.

불기암실/不欺闇室

사람이 보지 않는 암실에서도 행동을 삼가 양심을 속이는 일을
하지 않음.

불려호획/弗廬胡獲

무슨 일이든지 신중히 생각하지 않으면 좋은 결과를 얻을 수가
없음을 이름.

불로불사/不老不死

사람이 극히 장수(長壽)하는 것.

불립문자/不立文字

그 뜻을 글로써 나타낼 수 없다는 뜻으로, 이심전심으로 이해할
수밖에 없다는 말.

불망지은/不忘之恩

잊을 수 없는 은혜.

불면불휴/不眠不休

잠도 안 자고 쉬지도 않음.

불멸불생/不滅不生

　멸하지도 않고 낳지도 않아 무시무종(無始無終)이라는 뜻으로, 불법에서 쓰는 말.

불문가지/不問可知

　묻지 아니하여도 알 수 있음.

불문곡직/不問曲直

　옳고 그름을 묻지 않고 함부로 처사한다는 말.

불미지설/不美之說

　자기에게 누(累)가 미칠 추잡하고 아름답지 못한 말.

불비지혜/不費之惠

　자기에게 해가 된 것이 없어도 남에게는 이익이 될 만하게 베풀어 주는 은혜.

불사이군/不事二君

　한 사람이 두 임금을 섬기지 아니함.

불사지약/不死之藥

　사람이 먹으면 영원히 죽지 않는다는 선약(仙藥).

불상지조/不祥之兆

　상서롭지 못한 징조.

불생불멸/不生不滅

　생겨나지도 않고 또한 죽어 없어지지도 않고 항상 그대로 변함없이 사는 것.

불생불사/不生不死

　죽지도 않고 살지도 아니하고 겨우 목숨만 붙어 있음.

불세지공/不世之功

　대대로 흔하지 않은 큰 공로. 세상에 드문 매우 큰 공로.

불세출/不世出
　세상에 드물게 있다는 뜻임.

불속지객/不速之客
　청하지 않았는데 온 손님.

불식일정자/不識一丁字
　글자 한 자도 모르는 무식한 사람을 일컫는 말.

불식지공/不息之工
　천천히 하더라도 늘 쉬지 않고 꾸준하게 하는 일.

불실원수/不失元數
　본래의 분수를 잃지 않고 잘 지킨다는 말.

불언가상/不言可想
　아무 말을 하지 않더라도 능히 짐작할 수 있음.

불요불굴/不撓不屈
　한번 품은 뜻이나 결심 등이 어려운 고비에서도 흔들리거나 굽히
　지 않고 굳셈을 뜻한다.

불외입외/弗畏入畏
　참다운 두려움을 모르면 두려움 속에 빠진다는 것.

불원천리/不遠千里
　천리를 멀다고 하지 않는다는 뜻으로, 먼 곳임에도 불구하고 찾
　아올 때 이르는 말.

불인견/不忍見
　참혹하거나 비참하여 차마 볼 수가 없음.

불입호혈 부득호자/不入虎穴不得虎子
　호랑이 굴에 들어가지 않고는 호랑이 새끼를 얻지 못한다는 뜻으
　로, 큰 결과를 얻기 위해서는 위험을 무릅쓰고 큰 일을 해야 한다
　는 말.

불철주야/不撤晝夜

밤낮을 가리지 않음.

불출호지천하/不出戶知天下

성인(聖人)은 집 안에 들어앉아 있으면서도 세상의 움직임을 안다는 뜻.

불취동성/不取同姓

같은 성을 가진 사람과는 서로 혼인을 하지 않는다는 말.

불측지변/不測之變

예측할 수 없는 사변. 뜻밖의 사변.

불치하문/不恥下問

지위나 학식이 자기보다 못한 사람에게 배움을 부끄럽게 여기지 않음.

불편부당/不偏不黨

어느 한쪽으로도 치우치지 않고 아주 공평함. 중립적인 태도.

불학무식/不學無識

배우지 못하여 아는 것이 없음.

불행중다행/不幸中多幸

언짢은 일을 당하였으나 일부 다행스러운 일이 있다는 말.

불혹/不惑

①미혹하지 아니함. ②나이 마흔 살의 일컬음. 공자가 40세에 이르러 세상 일에 미혹하지 않았다 함에서 나온 말.

불후지공/不朽之功

오래도록 없어지지 않고 빛날 큰 공로.

붕자원방래/朋自遠方來

벗이 먼 곳으로부터 찾아오면 기쁘다는 뜻.

붕정만리/鵬程萬里

붕(鵬)이란 상상의 큰 새로 붕의 갈 길은 수만 리라는 뜻으로, 앞
길이 매우 멀고도 큼을 일컫는 말.

비기이존인/卑己而尊人
내 자신을 낮추고 다른 사람을 존경하는 것.

비분강개/悲憤慷慨
슬프고 분한 마음이 가득 차 있음.

비육지탄/髀肉之嘆
무사가 오랫동안 전쟁에 출전하지 않아 말을 탈 기회가 없었으므
로 허벅지에 살만 찐다는 뜻으로, 성공하지 못하고 헛되이 세월
만 보내는 일을 한탄한다는 말.

비일비재/非一非再
같은 현상이 한두 번이 아님.

빈자일등/貧者一燈
가난한 사람이 밝힌 등불 하나라는 뜻으로, 물질의 많고 적음보
다 정성이 소중함을 이르는 말.

비지지간/非知之艱
배우기는 쉬우나 실천하기는 힘듦을 이름.

빈즉다사/貧則多事
가난한 집안에 쓸데 없이 잔일이 많고 분주함을 뜻함.

빈천지교/貧賤之交
가난할 때에 사귄 친구는 언제까지나 잊어선 안 된다는 뜻.

빙정옥결/氷貞玉潔
절개가 빙옥과 같이 깨끗하고 조금도 흠이 없음을 비유하여 이르
는 말.

빙탄불상용/氷炭不相容
얼음과 숯은 서로 어울릴 수 없는 사이라는 뜻으로, 성질이 전혀

반대라 서로 화합되기 어려울 때 쓰는 말.

빙탄지간/氷炭之間

일음처럼 흰 것과 숯처럼 검은 것의 사이라는 뜻으로, 서로 조화
될 수 없는 사이를 일컬음.

사가망처/徙家忘妻

이사할 때에 자기의 아내를 잊어버리고 간다는 뜻으로, 건망증이
심함을 비유한 말.

사고무친/四顧無親

사방을 둘러보아도 의지할 곳 없이 외로움.

사귀신속/事貴神速

일을 함에 있어서는 빨리 할수록 좋다는 말.

사기충천/士氣衝天

하늘을 찌를 듯이 높은 사기.

사량침주/捨糧沈舟

식량을 버리고 배를 침몰시킴. 승리를 얻기 전에는 다시 돌아
오지 않겠다는 결의를 이름.

사면초가/四面楚歌

사방에서 들려오는 초나라 노랫소리를 말하는 것으로, 사면이 모
두 적에게 둘러싸인 경우와 도움 없이 고립된 경우를 뜻한다.

사면춘풍/四面春風

사방에 봄바람이 분다는 뜻으로, 언제나 좋은 얼굴로 남을 대하
여 누구에게나 호감을 삼.

사무여한/死無餘恨

 죽은 뒤라도 조금도 남에게 원한이 없음. 죽어도 한됨이 없음.

사문난적/斯文亂賊

 유교에서, 교리를 어지럽히고 사상에 어긋나는 언행으로 세상을
시끄럽게 하는 사람을 이르는 말.

사반공배/事半功倍

 수고한 것은 적어도 이루어진 공은 많다는 말.

사발통문/沙鉢通文

 호소문·격문 등에서 주모자(主謀者)가 누구임을 나타내지 않기
위해, 관계자의 성명을 사발 모양으로 둥글게 삥 돌려 적은 통문.

사변무궁/事變無窮

 여러 가지 사변이 자꾸 일어나 끝이 없음.

사분오열/四分五裂

 여러 갈래로 나뉘어 어지럽게 분열됨.

사불급설/駟不及舌

 한번 뱉은 말은 네 마리가 끄는 빠른 마차로도 따라잡지 못한다
는 뜻으로, 삽시간에 퍼진 소문을 말함.

사불명목/死不瞑目

 죽을 때에도 눈을 감지 못한다는 뜻으로, 마음에 맺히고 근심이
되어 마음 놓고 편히 죽지를 못한다는 말.

사불여의/事不如意

 일이 뜻대로 되지 아니함.

사사망념/邪思妄念

 좋지 못한 여러 가지의 그릇된 생각.

사사불성/事事不成

 모든 일이 이루어지지 않음. 일마다 성공하지 못함.

사산분찬/四散奔竄

사방으로 뿔뿔이 흩어져 달아나 피함.

사상누각/砂上樓閣

모래 위에 세운 누각이란 뜻으로, 어떤 사물의 기초가 튼튼하지 못하여 오래 견디지 못함을 비유.

사색지지/四塞之地

사방의 지세가 견고하고 험한 자연의 요새로 되어 있는 땅.

사생계활/死生契闊

죽고 사는 것을 함께 하기로 하고 동고동락(同苦同樂)함.

사생유명부귀재천/死生有命富貴在天

사람이 태어나 살고 죽고 하는 것과 잘 되고 못 되는 것이 다 운명으로, 제 분에 맞게 정해져 있는 것이니 억지로는 안 된다는 뜻.

사생취의/捨生取義

목숨을 버리고 의를 좇는다는 뜻으로, 비록 목숨을 잃을지언정 옳은 일을 함을 이르는 말.

사시춘풍/四時春風

누구에게나 늘 좋은 낯으로 대하며 무사 태평한 사람을 이름.

사십부동심/四十不動心

40세에 도를 깨달아 주견이 확고히 서서 마음이 동요하지 않음.

사양지심/辭讓之心

겸사하여 받지 않거나 남에게 양보하는 마음.

사위지기사/士爲知己死

선비는 저를 알아 주는 이를 위하여 죽는다는 뜻으로, 제 속마음을 잘 알아 주는 사람을 위해서 목숨을 내걸고 그 뜻에 보답한다는 말.

사이비/似而非

겉은 제법 비슷하게 보이나 실제로는 아주 나쁜 가짜라는 말.

사이후이/死而後已

사람이 태어나 일을 하되, 죽음에 이르러 비로소 그친다는 말. 의지가 굳다는 뜻.

사자심상빈/奢者心嘗貧

사치하는 사람은 만족할 줄 모르므로 항상 마음 속이 허전하다는 뜻.

사자후/獅子吼

사자의 부르짖음이란 뜻으로, 오늘날에는 열변이나 웅변을 토한다는 의미로 주로 쓰이고 있다.

사제삼세/師弟三世

스승과 제지와의 인연은 진세·현세·내세에까지 계속된다는 말로, 그 관계는 매우 깊고 밀접하다는 뜻.

사족/蛇足

뱀의 발이란 뜻으로, 하지 않아도 될 일을 공연스레 하는 것 또는 필요 이상의 것을 일컫는다.

사중구생/死中求生

죽을 지경에 빠졌다가 다시 살 길을 찾는다는 말.

사지/四知

하늘과 땅, 자신과 상대방이 알고 있다는 뜻으로, 세상에는 비밀이 없음을 뜻함.

사지곡직/事之曲直

일의 옳고 그름.

사차불피/死且不避

죽는 한이 있어도 피하지 않음.

사차불후/死且不朽

몸은 죽어 없어지지만 명성만은 그대로 후세에 길이 전함.

사친지도/事親之道

어버이를 섬기는 도리.

사필귀정/事必歸正

모든 일은 반드시 바른길로 돌아감. 죄는 지은 데로 가고 물은 골
로 흐른다.

사해곤궁/四海困窮

천하의 백성이 곤궁함.

사회부연/死灰復燃

다 탄 재에 다시 불이 붙었다는 뜻으로, ①세력을 잃었던 사람이
다시 세력을 잡았다는 뜻. ②곤경에 처해 있던 사람이 훌륭하게
되었다는 뜻.

사후약방문/死後藥方文

죽은 뒤에 약방문이라는 뜻으로, 시기를 잃어 일이 낭패됨을 뜻
함.

삭관원찬/削官遠竄

벼슬을 빼앗고 먼 곳으로 귀양보냄.

삭발위승/削髮爲僧

머리를 깎고 중이 됨.

산계야목/山鷄野鶩

산꿩과 들오리라는 뜻으로, 천성이 사납고 거칠어서 길들이기 어
려운 사람을 이르는 말.

산고수청/山高水淸

산은 높고 물은 맑다는 뜻으로, 경치가 좋음을 형용함.

산류천석/山溜穿石

졸졸 흐르는 냇물이 바위를 뚫는다는 뜻으로, 끊임없이 열심히 하면 무슨 일이라도 성취할 수 있음을 비유한 말.

산림지사/山林之士
산 속에서 은거하는 선비

산명수려/山明水麗
산과 물이 경치가 곱고 아름다움.

산불염고/山不厭高
산이 높으면 높을수록 좋듯이 덕은 쌓으면 쌓을수록 좋다는 말.

산전수전/山戰水戰
세상 일에 대하여 겪은 온갖 고생을 이르는 말.

산해진미/山海珍味
산과 바다의 산물을 다 갖추어 차린 진귀한 음식. 곧 온갖 재료로 만든 맛좋은 음식.

살신보국/殺身報國
목숨을 바쳐 국은(國恩)을 갚음.

살신성인/殺身成仁
몸을 바쳐 어진 일을 이룬다는 뜻으로, 대의를 위하여 목숨을 아낌없이 버린다는 말.

삼간초가/三間草家
세 칸짜리 초가. 곧 아주 작은 초가를 이르는 말.

삼고초려/三顧草廬
초가집을 세 번 찾아간다는 뜻으로, 인재를 맞이할 때 모든 정성을 다한다는 말.

삼년불비불명/三年不飛不鳴
새가 3년 동안 날지도 않고 울지도 않는 것으로, 도약을 위해 때를 기다린다는 비유.

삼동설한/三冬雪寒

눈이 오고 추운 겨울철의 석 달 동안.

삼라만상/森羅萬象

하늘과 땅 사이에 존재하는 모든 현상.

삼불후/三不朽

언제나 썩지 않는 세 가지. 곧 덕(德)·공(功)·언어(言語).

삼삼오오/三三五五

삼사인 또는 사오인씩 떼지어 있는 것.

삼생연분/三生緣分

삼생을 두고 끊을 수 없는 가장 깊은 연분. 곧 부부 사이의 인연을 말함.

삼순구식/三旬九食

서른 날에 아홉 끼밖에 먹지 못한다는 뜻으로, 집이 매우 가난하여 끼니를 제대로 잇지 못한다는 뜻.

삼십육계 주위상책/三十六計走爲上策

36가지나 되는 많은 꾀 가운데에서 도망치는 것이 제일 좋은 꾀가 된다는 뜻으로, 곤란할 때에는 주저하지 말고 달아나는 것이 상책이라는 말.

삼월부지육미/三月不知肉味

한 가지 일에만 마음을 쓰고 다른 것은 전연 느끼지 못함을 이르는 말.

삼익우/三益友

세 가지 유익한 벗이 있다는 뜻으로, 즉 정직한 사람, 믿음직한 사람, 견문이 넓은 사람을 이름.

삼인성호/三人成虎

세 사람이 거리에 호랑이가 나타났다고 말하면 거짓말이라도 참

말로 듣는다는 뜻으로, 근거 없는 말이라도 여러 사람이 말하면
곧이듣는다는 말.

삼인행필유아사/三人行必有我師
세 사람이 어떤 일을 같이 할 때는 반드시 그 가운데 스승이 될
만한 사람이 있다는 말.

삼일천하/三日天下
삼일간의 천하라는 뜻으로, 짧은 동안 정권을 잡았다가 곧 실패
함을 비유할 때 쓰는 말.

삼종지도/三從之道
여자가 지켜야 할 세 가지 도리로, 어려서는 부모께 순종하고 시
집 가서는 남편에게 순종하고 남편이 죽은 후에는 아들에게 순종
하여야 한다는 도덕 관념.

삼척동자/三尺童子
키가 석 자에 불과한 사람. 즉 어린아이를 일컬음.

삼판양승/三板兩勝
세 번 겨루어 두 번 이긴다는 뜻으로, 거의 이긴 셈이란 뜻.

삼훈삼목/三薰三沐
향으로 몸을 향기롭게 하고 물로 머리를 감아 몸을 정하게 함.

상가지구/喪家之狗
상갓집 개, 즉 주인을 잃은 개란 뜻으로, 초라한 행색으로 얻어먹
을 것을 찾아다니는 사람을 비유하여 쓰는 말.

상교부도하교부교/上交不諂下交不驕
윗사람을 의심하지 않고, 아랫 사람에게 교만하지 않은 것이 군
자의 행실이라는 것.

상궁지조/傷弓之鳥
한번 화살을 맞은 새는 구부러진 가지만 보아도 겁을 낸다는 뜻

으로, 한번 궂은 일을 당하고 나면 늘 의심하고 두려워하게 된다는 말.

상달/上達
고명한 경지에 달하는 것. 윗사람에게 편지나 말로 여쭘.

상덕부덕/上德不德
높은 덕을 가진 자는 덕을 베풀더라도 이것을 덕이라고 자랑하지 아니함.

상마실지수/相馬失之瘦
말의 감정을 겉으로만은 알 수 없는 것과 같이 사람도 겉만으로는 현우(賢愚)를 알 수 없다는 뜻.

상마지교/桑麻之交
권세와 영달의 길을 버리고 한적한 시골에서 뽕나무와 삼나무를 벗삼아 지낸다는 뜻으로, 전원에 은거하여 농사꾼들과 사귀며 지낸다는 뜻.

상명지통/喪明之痛
눈이 멀 정도로 슬프다는 뜻으로, 아들을 잃은 슬픔을 비유.

상사불견/相思不見
남녀가 서로 그리워하면서도 만나보지 못함.

상사일념/相思一念
그리워하여 생각하는 마음이 오직 한 가지뿐임.

상시지계/嘗試之計
남의 뜻을 시험하여 떠보는 꾀.

상인해물/傷人害物
마음이 음흉하여서 사람을 해치고 물건에 손해를 끼치게 함.

상재지탄/傷哉之歎
살림이 군색하고 가난한 한탄.

상전벽해/桑田碧海

뽕나무 밭이 변해 푸른 바다가 된다는 뜻으로, 세상의 모든 일이 덧없이 변함이 급격함을 비유한 말.

상전옥답/上田沃畓

수확이 많은 좋은 밭과 기름진 논.

상탁하부정/上濁下不淨

윗물이 흐리면 아랫물도 깨끗하지 못하다는 뜻.

상풍고절/霜風高節

어떠한 어려운 곤경에 처해도 굽히지 않는 높은 절개를 이름.

새옹지마/塞翁之馬

변방 노인의 말에 얽힌 이야기에서 나온 것으로, 인생의 길흉화복은 항시 바뀌어 예측할 수가 없다는 말.

생경지폐/生梗之弊

양자간의 불화로 인한 폐단.

생구불망/生口不網

산 사람의 목에 거미줄 치랴라는 뜻으로, 가사가 어려워도 생존하는 길은 있으리라는 뜻.

생기사귀/生寄死歸

사람이 세상에 살아 있음은 일시의 기류와 같고 죽음은 본집에 돌아가는 것과 같다는 뜻.

생로병사/生老病死

중생이 일평생 동안에 반드시 받아야만 하는 네 가지 고통. 곧 나고, 늙고, 병들고, 죽고 하는 일.

생리사별/生離死別

살아서 서로 떨어져 있다가 죽어서 아주 헤어짐.

생면강산/生面江山

①처음으로 보는 강산. ②처음으로 보고 듣는 일.

생불여사/生不如死

몹시 곤란한 지경에 빠져 삶이 죽음만 같지 못하다는 뜻.

생사골육/生死骨肉

죽은 사람을 살려서 그 백골에 살을 붙인다는 뜻으로, 매우 은혜
가 깊음을 비유.

생살여탈/生殺與奪

①살리고 죽이고 주고 빼앗는 일. ②어떤 사람이나 물건을 제 마
음대로 쥐고 흔들 수 있음.

생자필멸/生者必滅

생명이 있는 것은 반드시 죽을 때가 있음.

생지살지/生之殺之

살리기도 하고 죽이기도 함.

서기지망/庶幾之望

거의 될 듯한 희망이란 뜻.

서동부언/胥動浮言

거짓말을 퍼뜨려서 민심을 선동함.

서리지탄/黍離之嘆

기장이 익어 늘어진 것을 보고 한탄한다는 뜻으로, 서울이요 대
궐이 있던 자리에 기장이 자라 익어 늘어짐을 보고 세상의 무상
함을 한탄한다는 뜻.

서불진언/書不盡言

문장으로는 사람의 뜻을 충분히 나타낼 수 없음을 이름.

서심화야/書心畵也

글씨는 그 사람의 정신을 나타내는 것이므로 심화(心畵)라 함.

서절구투/鼠竊狗偸

쥐나 개처럼 가만히 물건을 훔친다는 뜻으로, 좀도둑을 비유할 때 쓰임.

서제막급/噬臍莫及

사람에게 잡힌 노루가 배꼽 때문에 잡힐 줄 알고 배꼽을 물어뜯는 것처럼, 탈이 한번 생기거나 또는 그릇된 뒤에는 후회하여도 어찌할 수 없다는 말.

석고대죄/席藁待罪

거적을 깔고 엎디어 처벌을 기다린다는 뜻에서, 저지른 죄에 대한 처벌을 기다림을 이르는 말.

석권/席卷

자리를 말 듯이 힘을 들이지 않고 차례차례로 모조리 차지함.

석화광음/石火光陰

돌이 마주 부딪칠 때에 불빛이 한번 번쩍했다 곧 없어지는 것과 같이 빠른 세월이라는 말.

선견지명/先見之明

앞으로 닥칠 일을 미리 내다보고 앞일을 판단하는 총명함.

선기후인/先己後人

남의 일보다 자신의 일을 먼저 성실히 처리함.

선난이후획/先難而後獲

난사는 먼저 처리하고 자기 이익되는 바는 뒤로 미루는 것.

선남선녀/善男善女

착하고 순결한 남자와 여자.

선도미후지미/先掉尾後知味

개가 먼저 꼬리를 흔들고 난 뒤에 음식을 먹는다는 뜻으로, 무엇을 계획한 연후에야 그것을 얻는다는 뜻.

선망건후세수/先網巾後洗水

앞뒤의 순서가 뒤바뀌었음을 이름.

선망후실/先忘後失

앞서는 잊고 후에는 잃는다는 뜻으로, 잊어버리기를 잘한다는 말.

선부후빈/先富後貧

처음에는 잘살던 사람이 나중에 가난하여짐.

선성탈인/先聲奪人

①소문을 미리 퍼뜨려 남의 기세를 꺾음. ②먼저 큰소리를 질러 남의 기세를 꺾음.

선악상반/善惡相半

선과 악이 반반씩 섞였다는 말.

선우후락/先憂後樂

근심할 일은 남보다 먼저 근심하고 즐거워할 일은 남보다 나중에 즐거워한다는 뜻으로, 지사(志士)·인인(仁人)의 마음씨를 이르는 말.

선유자익/善游者溺

헤엄 잘 치는 사람이 빠져죽기 쉽다는 말이니, 무엇이든지 잘하는 사람이 그 재주를 믿고 까불다가 화를 입는다는 뜻.

선인능수진언/善人能受盡言

선인은 곧잘 남의 간언을 들음을 이름.

선인탈인/先人奪人

적을 앞지르고자 우선 적의 정신을 어리둥절하게 하여 아무것도 못하게 함을 이름.

선자옥질/仙姿玉質

용모도 아름답고, 재질도 뛰어남을 이름.

선재귀재/仙才鬼才

평범하고 속된 것을 초월한 재주.

선즉제인/先卽制人

　선수를 치면 남을 제압할 수 있다는 말로, 선수를 쳐서 하면 유리하다는 뜻으로 쓰인다.

선풍도골/仙風道骨

　신선의 풍채와 도인의 골격이라는 뜻으로, 풍채가 남달리 훌륭한 사람을 일컫는 말.

선화후과/先花後果

　먼저 꽃이 피고 나중에 열매를 맺는다는 뜻으로, 딸을 먼저 낳은 다음에 아들을 낳음을 이르는 말.

설니홍조/雪泥鴻爪

　홍조(鴻爪)가 눈 위를 걸어가 발자취를 남기나 눈이 녹으면 없어지는 것과 같이 인생이 허무하고 남는 것이 없음을 이름.

설부화용/雪膚花容

　눈같이 흰 살결과 꽃 같은 얼굴이라는 뜻으로, 미인의 얼굴을 이름.

설상가상/雪上加霜

　눈 위에 서리가 덮인다는 뜻으로, 불행이 거듭 생긴다는 말.

설심주의/設心做意

　계획적으로 간사한 꾀를 냄.

설왕설래/說往說來

　서로 변론을 주고받느라고 옥신각신함.

설저유부/舌底有斧

　혀 밑에 도끼가 있다는 뜻으로, 혀는 도끼를 갖지는 않았지만 그런 힘을 가졌다는 말.

설중매/雪中梅

　눈 속에 핀 매화나무나 그 꽃.

설중송백/雪中松柏

눈 속의 소나무와 잣나무라는 뜻으로, 매우 절조 있는 사람을 비유하여 이르는 말.

설폐구폐/說弊救弊

먼저 폐단을 말하고 그 폐단을 바로잡음.

설풍년지조/雪豊年之兆

겨울의 눈은 다음해의 풍작의 징조라는 말.

섬섬옥수/纖纖玉手

가냘프고 아름다운 여자의 손.

섭리음양/燮理陰陽

천지의 음양을 잘 조화한다는 뜻으로, 재상이 나라를 잘 다스림을 비유.

섭취불사/攝取不捨

부처님의 자비 광명은 고통받는 중생을 하나도 버리지 않고 모두 받아들여 제도한다는 뜻.

성공무덕/聖供無德

부처에게 공양을 하였으나 공덕이 없었다는 뜻으로, 남을 위하여 노력만 하고 얻은 것이 없다는 말.

성군작당/成群作黨

여러 사람이 모여 패를 지음.

성기상통/聲氣相通

①소식이 서로 통함. ②마음과 뜻이 서로 통함.

성덕군자/成德君子

덕이 매우 높은 사람. 덕을 쌓은 훌륭한 사람.

성부동형제/姓不同兄弟

비록 성은 다르나 형제와 같이 가까운 사이.

성쇠지리/盛衰之理

끊임없이 잇달아 도는 성쇠의 이치.

성수불루/盛水不漏

물이 가득 차 있어도 샐 틈이 없다는 뜻으로, 매우 정밀하다는 말.

성유단수/性猶湍水

사람의 본성은 세차게 흐르는 여울의 물이 동쪽으로 또는 서쪽으로 흐를 수 있듯이 착하게도 되고 악하게도 됨을 이름.

성자필쇠/盛者必衰

번성한 후엔 반드시 쇠퇴한다는 뜻.

성하염열/盛夏炎熱

한여름의 매우 심한 더위.

성하지맹/城下之盟

적에게 수도의 성 밑까지 침공을 당하고 맺는 맹약으로, 대단히 굴욕적인 강화(講和)를 말한다.

성호사서/城狐社鼠

임금 옆에 있는 간사한 신하를 이름.

성화독촉/星火督促

(별똥이 떨어지듯이) 몹시 다급하게 재촉함.

세강속말/世降俗末

세상이 그릇되어 풍속이 매우 어지러움.

세궁역진/勢窮力盡

기세가 다 꺾이고 힘이 빠짐. 기진맥진하여 몸을 꼼짝할 수 없음.

세균역적/勢均力適

세력과 힘이 서로 균등하고 알맞음.

세란식충신/世亂識忠臣

난리를 당해야 비로소 충신인지를 알 수 있다는 말.

세리지교/勢利之交

　권세와 이익을 위하여 맺는 교제.

세무십년/勢無十年

　세도가 10년을 가지 못한다는 뜻으로, 사람의 권세와 영화는 오래지 않아 떨어지고 마는 법이라 하는 말.

세여파죽/勢如破竹

　기세가 매우 맹렬하여 대항할 만한 적이 없다는 뜻.

세월부대인/歲月不待人

　세월은 물과 같아 한번 가면 다시 오지 않으므로 광음(光陰)을 아끼라고 경계하는 말.

세월여류/歲月如流

　세월이 흐르는 물과 같다는 뜻으로, 세월의 지나감이 몹시 빠르다는 말.

세제기미/世濟其美

　후대의 사람이 전대의 사람의 아름다움을 따라 이루는 것.

세한삼우/歲寒三友

　추위를 잘 견뎌내는 겨울철의 소나무·대나무·매화나무를 말함.

세한송백/歲寒松柏

　소나무와 잣나무는 엄동에도 변색되지 않는다는 말로, 군자는 역경에 처하여도 절의를 변치 않는다는 비유.

소굴필유대신/小屈必有大伸

　조금 몸을 굽히면 후에 반드시 크게 펼 날이 온다는 뜻.

소년이로 학난성/少年易老學難成

　소년은 늙기 쉬우나 학문을 이루기는 어렵다는 말.

소불간친/疎不間親

친하지 않은 사람이 친하게 사귀는 사람들의 사이를 방해하지 못한다는 말.

소불여의/小不如意

조금도 뜻과 같지 아니함. 조금도 뜻대로 되지 아니함.

소양지차/霄壤之差

하늘과 땅 사이라는 뜻으로, 곧 사물이 엄청나게 다름을 일컫는 말.

소의간식/宵衣旰食

날이 밝기 전에 옷을 입고 해가 진 후에 식사를 한다는 뜻으로, 천자가 정사에 근로함을 이름.

소인궁사남/小人窮斯濫

덕이 없는 소인은 궁하면 죄를 범함.

소인지용/小人之勇

혈기에서 오는 소인의 용기.

소장지우/簫墻之憂

한 내부에서 서로 다툰다는 뜻.

소중유검/笑中有劍

웃음 속에 칼이 있다는 뜻으로, 겉으로는 좋은 척하나 속으로는 무서운 독을 품고 있다. 즉 그 웃음을 지나치지 말고 음미해야 할 것임을 이름.

소지무여/掃地無餘

쓸어낸 것처럼 전혀 없음.

소탐대실/小貪大失

작은 것을 탐내다가 도리어 큰 것을 잃는다는 뜻.

소혼단장/消魂斷腸

근심과 설움으로 넋이 나가고 창자가 끊어지는 듯함.

속성속패/速成速敗

　갑작스럽게 이루어진 것은 또 급히 결딴난다는 말.

속수무책/束手無策

　손이 묶여 채찍을 쓸 수 없음을 뜻하는 것으로, 뻔히 보면서도 어찌할 수 없다는 말.

속신자결/束身自潔

　몸단속을 잘하여 지조를 깨끗이 지킴.

속지고각/束之高閣

　무용지물을 묶어서 선반 위에 올려둠을 이름.

손상익하/損上益下

　윗사람에게 손해를 끼쳐서 아랫사람을 이롭게 한다는 말.

손여지언/巽與之言

　남의 마음을 거스르지 않는 온화한 말.

송구영신/送舊迎新

　묵은 해를 보내고 새해를 맞는다는 말.

송무백열/松茂栢悅

　소나무가 무성해지면 잣나무가 기뻐한다는 뜻으로, 남이 잘되는 것을 기뻐한다는 말.

송백지조/松柏之操

　엄동에도 시들지 않는 송백과 같이 절조가 굳음을 이름.

송양지인/宋襄之仁

　송나라 양공(襄公)이 베푼 인정이라는 뜻으로, 너무 착하기만 하고 권도(權道)가 없음을 비유한 말.

쇄문도주/鑽門逃走

　문을 잠그고 남몰래 도망간다는 말.

수각황망/手脚慌忙

뜻밖의 일에 놀라고 당황해 어쩔 줄 모르고 쩔쩔맴.

수격즉한/水激則旱

물은 다른 물건에 닿아 격(激)하면 흐름이 급해진다는 말.

수고불망/壽考不忘

늙은 뒤에도 잊지 않는다는 뜻으로, 덕이 큼을 치사하는 말.

수광즉어유/水廣則魚游

물이 넓어야 고기가 논다는 말로, 사람이 인의를 널리 베풀 수 있어야 스스로 이로움을 얻게도 된다는 뜻.

수구여병/守口如甁

입을 병마개 막듯이 봉함을 뜻하는 것으로, 언어에 신중을 기함을 이름.

수구초심/首邱初心

여우는 죽을 때 자기가 살던 언덕 쪽으로 머리를 향한다는 뜻으로, ① 자기의 근본을 언제나 잊지 않는 것. ②고향을 절실히 그리는 향수 등을 일컬음.

수도어행/水到魚行

물이 이르면 고기가 그 물 속을 다닌다는 뜻으로, 무슨 일이건 때가 되면 이루어진다는 뜻.

수망각란/手忙脚亂

손발을 바쁘게 움직임. 눈코 뜰 사이 없이 바쁘다는 말.

수면앙배/晬面盎背

윤택이 나는 얼굴과 탐스러운 등이라는 뜻으로, 덕성이 있어 보이는 사람의 생김새.

수명어천/受命於天

천명(天命)을 받았다는 뜻으로, 왕위에 오름을 이르는 말.

수목참천/樹木參天

수목이 하늘을 찌를 듯이 울창함을 이르는 말.

수무석권/手無釋卷

손에서 책을 놓을 때가 없다는 뜻으로, 늘 공부한다는 말.

수문수답/隨問隨答

묻는 대로 거침없이 대답함.

수복강녕/壽福康寧

오래도록 살고 행복하며 몸이 건강하고 평안함을 이름.

수불중불원/雖不中不遠

맞지는 않았으나 멀지 않다는 뜻으로, 대개 맞았다는 뜻.

수산복해/壽山福海

사람의 장수(長壽)를 축하하는 말.

수색만면/愁色滿面

근심스러운 빛이 얼굴에 가득 참.

수서양단/首鼠兩端

쥐가 쥐구멍에서 나올 때 단번에 나오지 못하고 머리를 내밀었다 들어갔다 살핀 뒤에야 나오는 것과 같이 결단성이 없어 무엇을 할 때나 쭈뼛거리고 주저하여 쾌히 실행하지 못함을 이르는 말.

수석침류/漱石枕流

돌로 양치질을 하고 흐르는 물로 베개를 삼는다는 뜻으로, 남에게 지기 싫어서 억지를 씀을 비유한 말.

수성지업/守成之業

자손에게 뒤를 이어 이루게 하는 일.

수수방관/袖手傍觀

팔짱을 끼고 본다는 뜻으로, 어떤 일을 옆에서 그저 지켜만 보고 있음을 말함.

수신제가/修身齊家

마음과 몸을 닦고 집안을 다스리는 일.

수심가지인심난지/水深可知人心難知

물의 깊이는 알 수 있으나 사람의 속마음을 헤아리기는 어렵다는
말.

수어지교/水魚之交

물고기가 물을 떠나서는 살 수 없듯이, 떨어질래야 떨어질 수 없
이 아주 가까운 사이를 말한다.

수오지심/羞惡之心

자기의 옳지 못함을 부끄러워할 줄 알고 남의 착하지 못함을 미
워하는 마음.

수욕정이풍부지/樹欲靜而風不止

나무는 고요하고 싶으나 바람이 자지 않는다는 뜻으로, 부모님께
효도를 하고 싶어도 이미 때가 늦어 돌아가시고 안 계심을 슬퍼
하는 말.

수원수구/誰怨誰咎

누구를 원망하고 누구를 탓하랴 하는 뜻으로, 남을 원망하거나
탓할 것 없이 모두 내 탓이라는 말.

수유자기불여대시/雖有鎡基不如待時

훌륭한 지혜를 가졌다 하더라도 때가 오지 않으면 공명(功名)을
이룰 수 없다는 것.

수인사대천명/修人事待天命

사람이 제 할 일을 다하고 그 이상의 것은 하늘에 맡긴다는 뜻.

수적성천/水積成川

적은 물도 모이고 또 모이면 큰 냇물을 이루듯 작은 일도 차차
쌓이면 큰 성과를 거둘 수 있음을 비유한 말.

수적이어취/水積而魚聚

물이 모아져서 깊어지면 고기가 모여듦.

수적천석/水滴穿石

　물방울도 쉴 새 없이 떨어지면 언젠가는 돌에 구멍을 뚫듯이, 작은 노력이라도 끈기 있게 계속하면 큰일을 이룰 수 있다는 말.

수주대토/守株待兔

　그루터기를 지키며 토끼가 나오기만을 기다린다는 뜻으로, 되지도 않는 일을 고집하는 융통성 없는 처사를 가리키거나 낡은 것만을 고집해 시대에 대응하는 능력이 없음을 말한다.

수즉다욕/壽則多辱

　오래 살수록 그만큼 좋지 않은 일도 많이 겪는다는 말.

수지성청/水之性淸

　물의 성질은 맑음을 이름.

수청무대어/水淸無大魚

　물이 너무 맑으면 물고기가 살 수 없다는 뜻으로, 사람이 너무 엄격하면 그 곁에 사람들이 가까이 하지 않음을 비유한 말.

수탁즉무도미지어/水濁則無掉尾之魚

　물이 더러운 곳에서는 꼬리를 흔들며 노는 고기가 없다는 말.

수학무조/修學務早

　학문의 수행(修行)은 기억력이 왕성한 소년 시절에 해야 한다는 뜻.

숙려단행/熟廬斷行

　곰곰이 생각한 후에 마음먹고 실행함.

숙맥불변/菽麥不辨

　콩과 보리는 모양이 크게 다른 데도 분간 못한다는 뜻으로, 어리석고 못난 사람을 이름.

숙속지문/菽粟之文

일반 사람들이 두루 알 수 있는 쉬운 글.

숙수지환/菽水之歡

　콩죽과 물로써 연명하는 빈한한 처지에서도 부모에게 효도함을 이름.

순망치한/脣亡齒寒

　입술이 없으면 이가 시리다는 뜻으로, 아주 친밀하고 이해 관계가 깊은 두 사람 중에 한 사람이 망하면 다른 사람도 또한 위험하게 됨을 이르는 말.

순모첨동/詢謨僉同

　여러 사람의 의견이 똑같음.

순풍미속/淳風美俗

　인성이 두텁고 아름다운 풍속과 습관. 특히 부모에게 효도하고 형제간에 우애가 있으며 부부가 화목한 풍속.

순환지리/循環之理

　사물이 성하고 쇠하여짐이 서로 바뀌어 도는 이치.

승견책비/乘堅策肥

　견고한 수레를 타고 살찐 말을 채찍질하는 것을 이름.

승당입실/升堂入室

　방에 들어가려면 마루를 지나야 간다는 뜻으로, 무슨 일이나 다 그 순서가 있다는 말.

승두지리/升斗之利

　얼마 되지 않는 이익.

승상기하/承上起下

　앞의 문장을 받아서 뒤의 문장을 풀이하여 지어 나가는 일.

승승장구/乘勝長驅

　싸움에 이긴 여세를 타서 냅다 몰아침.

승야월장/乘夜越牆

  밤중에 남의 집의 담을 넘어 들어감.

승우독한서/乘牛讀漢書

  소를 타고 길을 가며 책을 읽는다는 뜻으로, 독서에 여념이 없는
  것을 이름.

시비곡직/是非曲直

  옳고 그르고 굽고 곧음.

시사여귀/視死如歸

  대절(大節)을 지키는 사람이 죽음을 조금도 두려워하지 않고 오
  히려 고향에 돌아가듯이 여긴다는 뜻.

시사여생/視死如生

  죽음을 두려워하지 않는다는 뜻.

시시각각/時時刻刻

  자꾸 시간이 흐름에 따라서 일각마다.

시시비비/是是非非

  옳고 그름을 가리어 밝힘.

시약불견/視若不見

  보고도 못 본 체함.

시약초월/視若楚越

  초나라와 월나라가 서로 보듯 한다는 뜻으로, 서로 멀리하고 돌
  아보지 아니함.

시종여일/始終如一

  처음이나 끝이 한결 같음.

식려응심/息慮凝心

  망념을 쉬고, 산란한 마음을 고요히 하여 한 곳에 모음.

식소사번/食少事煩

먹을 것은 적고 일은 많다는 뜻으로, 수고는 많이 하나 얻는 것이
적다는 뜻.

식자우환/識字憂患

　아는 것이 병이라고 박식함이 오히려 근심을 사게 됨.

신로심불로/身老心不老

　몸은 늙었으나 마음은 젊었다는 뜻으로, 비록 나이가 많은 늙은
이라 하더라도 마음은 젊은이 행세를 하고 싶어한다는 뜻.

신상필벌/信賞必罰

　상을 줄 만하면 틀림없이 상을 주고 벌을 줄 만한 데는 반드시
벌을 준다는 뜻.

신출귀몰/神出鬼沒

　귀신처럼 홀연히 나타났다가 홀연히 사라지는 것처럼, 자유자재
로 출몰하여 그 변화를 알 수 없음.

심기일전/心機一轉

　어떤 계기로 이제까지의 생각을 근본적으로 뒤바꿈.

심사숙고/深思熟考

　깊이 생각하고 다시 곰곰이 생각함.

심산유곡/深山幽谷

　깊은 산의 으슥한 골짜기.

심성구지/心誠求之

　마음을 다하여 정성껏 구함.

심원의마/心猿意馬

　마음은 원숭이, 생각은 말로 차분하지 못한 마음을 뜻함.

십년지계/十年之計

　십 년을 목표로 한 원대한 계획.

십독불여일사/十讀不如一寫

책을 열 번 읽더라도 정신을 차리지 않으면 곧 잊어버리게 되나,
한 번 쓰는 데는 정신을 차리게 되니 잊어버리지 않는다는 말.

십벌지목/十伐之木

열 번 찍어 안 넘어가는 나무가 없다는 말로, 아무리 마음이 굳은
사람도 여러 번 치근거리면 마음이 움직이게 된다는 뜻.

십생구사/十生九死

위태한 지경을 겨우 벗어남.

십시일반/十匙一飯

열 사람이 밥 한 술씩 보태면 한 사람 먹을 분량이 된다는 뜻으
로, 여러 사람이 힘을 합하면 한 사람을 돕기가 쉽다는 뜻.

십양구목/十羊九牧

양 열 마리에 목자는 아홉 명이나 된다는 뜻으로, 국민에 비해 공
무원이 많음을 비유하여 이르는 말.

십인수지부득찰일적/十人守之不得察一賊

열 사람이 지켜도 한 도둑을 못 막는다는 뜻으로, 훔치려고 마음
먹은 사람을 막는다는 것은 어려움을 이름.

십전구도/十顚九倒

열 번 엎어지고 아홉 번 거꾸러졌다는 뜻으로, 많은 괴로움을 당
했다는 뜻.

ㅇ

아전인수/我田引水

자기 논에 물대기라는 뜻으로, 자신의 이익만을 생각함을 이름.

악목불음/惡木不陰

나쁜 나무엔 그늘도 없다는 뜻으로, 좋지 못한 사람에게선 바랄
것이 아무것도 없다는 뜻.

악연실색/愕然失色

몹시 놀라 얼굴빛이 달라짐.

악인악과/惡因惡果

나쁜 일을 하면 반드시 나쁜 결과가 따른다는 말.

안감생심/安敢生心

감히 마음도 먹지 못함.

안거낙업/安巨樂業

편하게 살면서 즐거이 일함.

안불망위/安不忘危

편안한 가운데에서도 마음을 놓치 않고 늘 스스로 경계함.

안비막개/眼鼻莫開

눈코 뜰 새 없이 바쁘다는 말.

안빈낙도/安貧樂道

가난한 가운데서도 즐거운 마음으로 도를 즐긴다는 말.

안중지인/眼中之人

정(情)든 사람. 눈앞에 있는 사람을 가리켜 말하기도 하고 또 눈 앞에 없어도 평생 사귄 사람을 가리키기도 함.

안중지정/眼中之釘

눈에 박힌 못이란 뜻으로, 몹시 미워하고 보기 싫은 사람을 말함.

안하무인/眼下無人

자기밖에 없는 듯이 교만하여 사람을 업신여긴다는 뜻.

암중모색/暗中摸索

어둠 속에서 손을 더듬어 찾는다는 말로, 어림짐작으로 찾거나 추측한다는 말.

암중방광/暗中放光

어둠 속에서도 빛이 비친다는 뜻으로, 뜻밖에 일이 잘 해결됨을 이름.

앙급지어/殃及池魚

재앙이 뜻하지 않게 아무런 죄도 없는 연못의 고기들에게까지 미친다는 뜻으로, 이유 없이 엉뚱하게 화를 당하게 되는 것을 말한다.

앙천부지/仰天俯地

하늘을 우러러보고 땅을 굽어 봄.

애매모호/曖昧模糊

말이나 태도가 희미하고 분명치 않음.

애이불비/哀而不悲

슬프기는 하나 겉으로는 슬픔을 나타내지 않음.

애인이덕/愛人以德

사람을 사랑하려면 덕의(德義)로써 해야지 일시적이며 고식적이어서는 안 된다는 뜻.

야행피수/夜行被繡

수놓은 비단옷을 입고 밤길을 간다는 뜻으로, 공명이 세상에 드러나지 않아 아무 보람도 없음을 비유하여 이르는 말.

약석지언/藥石之言

사람을 훈계하는데 도움이 되는 말.

약육강식/弱肉强食

약한 것은 강한 것에게 먹힌다는 말.

양공고심/良工苦心

기교가 능한 사람의 가슴속에는 고심이 많다는 말.

양두구육/羊頭狗肉

양의 머리를 걸어 놓고 개고기를 판다는 뜻으로, 겉과 속이 일치하지 않고 겉보기에는 그럴 듯하나 속은 변변치 않은 경우를 말한다.

양상군자/梁上君子

대들보 위의 군자라는 뜻으로, 도둑을 일컫는 말이나 천장 위의 쥐를 말할 때도 쓴다.

양약고구/良藥苦口

좋은 약은 입에 쓰다는 뜻으로, 충언(忠言)은 귀에 거슬리나 자신에게는 이롭다는 말.

양약부지/佯若不知

알고도 모르는 체함.

양웅불구립/兩雄不俱立

두 영웅이 함께 설 수 없다는 뜻으로, 지도자는 한 사람이어야 한다는 말.

양자택일/兩者擇一

두 사람 또는 두 사물 중에서 하나를 골라잡음.

양질호피/羊質虎皮

제 본바탕은 좋지 못한 것이 겉만 그럴 듯하게 꾸밈을 이름.

양호상투/兩虎相鬪

①두 마리의 호랑이가 서로 으르렁대는 것. ②두 영웅 또는 두 나라가 싸우는 것의 비유.

양호유환/養虎遺患

호랑이를 길렀다가 후에 그 호랑이에게 해를 입는다는 뜻으로, 화근을 길러 근심을 산다는 말.

양화구복/禳禍求福

재앙을 물리치고 복을 구함.

어두육미/魚頭肉尾

물고기는 대가리 쪽이 맛있고 짐승의 고기는 꼬리 쪽이 맛있다는 말.

어목연석/魚目燕石

어목(魚目)은 물고기의 눈, 연석(燕石)은 연산(燕山)의 돌로, 모두 옥(玉)과 비슷함. 허위를 진실로, 현인(賢人)을 우인(愚人)으로 혼동하는 것을 비유.

어변성룡/魚變成龍

물고기가 변하여 용이 되었다는 뜻으로, 어릴 적에는 신통치 못하던 사람이 자란 후 훌륭하게 됨을 이름.

어부지리/漁父之利

황새와 조개가 서로 다투다가 둘 다 어부에게 잡히고 만다는 고사에서, 쌍방이 싸우는 틈을 이용해서 제삼자가 애쓰지 않고 가로챈 이득을 말한다.

어불성설/語不成說

말이 사리와 이치에 맞지 아니함.

어수지친/魚水之親

①임금과 백성이 친밀한 것. ②부부가 서로 사랑하는 것.

억강부약/抑强扶弱

강한 자를 누르고, 약한 자를 도와 주는 것.

억만지심/億萬之心

억만이나 되는 백성들이 마음이 각각 달라 한 사람도 나라를 위하는 마음이 없음을 이름.

억약부강/抑弱扶强

약한 자를 억누르고 강한 자를 붙잡아 도와 줌.

억양반복/抑揚反覆

혹은 억누르고 혹은 찬양하기를 여러 번 뒤집음.

억하심정/抑何心情

대체 무슨 생각으로 그런 짓을 하는지 그 마음을 알 수 없다는 뜻.

언감생심/焉敢生心

감히 어찌 그런 마음을 품을 수 있으랴의 뜻.

언거언래/言去言來

여러 말이 서로 오고 감.

언비천리/言飛千里

말의 전하여짐이 매우 빠르고도 멀리 퍼진다는 뜻.

언어도단/言語道斷

너무 엄청나게 사리에 멀거나 기가 막혀서 말로 나타내지 못함을 이르는 말.

언중유골/言中有骨

말 속에 뼈가 있다는 말로, 예사로운 표현 속에 만만치 않은 뜻이 들었다는 말.

언즉시야/言則是也
말인즉 옳다는 뜻으로 말이 사리에 맞음.

엄목포작/掩目捕雀
무슨 일에나 성실을 다해서 해야지 얕은 수를 써서는 안된다는 말.

엄이도령/掩耳盜鈴
귀를 막고 방울을 훔친다는 뜻으로, 남들은 모두 자기의 잘못을 아는데 그것을 숨기고 남을 속이려고 함을 비유한 말.

여광여취/如狂如醉
매우 기쁘거나 감격하여 미친 듯도 하고 취한 듯도 하다는 뜻으로, 이성을 잃은 것을 이르는 말.

여리박빙/如履薄氷
얇은 얼음을 밟는 것처럼 아주 위험한 상태.

여반장/如反掌
손바닥을 뒤집는 것처럼 매우 쉬운 일.

여발통치/如拔痛齒
앓던 이 빠진 것 같다는 뜻으로, 고민거리가 제거되어 시원함을 이름.

여세추이/與世推移
세상이 변하는 것처럼 따라서 변함.

여어실수/如魚失水
물고기가 물을 떠나서 잠시라도 생활할 수 없듯이 곤궁한 사람이 의탁할 곳이 없어 기가 막힌다는 말.

여유작작/餘裕綽綽
빠듯하지 않고 아주 넉넉함.

여읍여소/如泣如笑

우는 것 같기도 하고 웃는 것 같기도 함.

여인동락/與人同樂

다른 사람과 더불어 함께 즐김.

여일월쟁광/與日月爭光

도덕과 공적이 높아 일월의 빛과 대등하다는 것.

여족여수/如足如手

형제간의 정의가 두터움을 수족(手足)에다 비유한 말.

여좌침석/如座針席

바늘 방석에 앉은 것 같다는 뜻.

여중장부/女中丈夫

남자에 못지 않은 여자를 말함.

여진여퇴/旅進旅退)

큰 무리를 따라 같이 움직인다는 뜻으로, 일정한 주견이 없이 여러 사람에게 부화(附和)하여 행동한다는 말.

여측이심/如厠二心

사람의 마음이 곧은 것 같아 한마음처럼 보이나 실은 두 마음이라는 뜻.

여탈폐사/與脫弊屣

헌신짝 버리듯이 한다는 뜻으로, 아낌없이 버림을 이르는 말.

여필종부/女必從夫

아내는 반드시 그 지아비를 따라야 한다는 말.

역발산기개세/力拔山氣蓋世

≪사기(史記)≫에 나오는 항우(項羽)가 지은 시의 한 구절로, 힘은 강하고 위대하며 의기(意氣)는 일세(一世)를 덮을 만큼 왕성하다는 뜻.

역이지언/逆耳之言

귀에 거슬리는 말이라는 뜻으로, 신랄한 충고를 이르는 말.

역자교지/易子敎之

나의 자식과 남의 자식을 바꾸어서 교육함. 부자(父子)의 사이는 잘못을 꾸짖기 어렵다는 뜻.

역전불여봉년/力田不如逢年

힘을 다하여 농사를 지어도 일기가 순조롭지 못하면 오히려 풍년을 만난 것만 같지 못함을 이름.

역지개연/易地皆然

사람의 처지나 경우를 서로 바꾸어 놓으면 그 하는 것이 서로 같게 된다는 뜻.

역지사지/易地思之

처지를 바꾸어서 생각함.

역지우환/易之憂患

역경(易經)을 지은 이는 근심 걱정이 있다는 말.

연구세심/年久歲深

세월이 매우 오래됨.

연년세세/年年歲歲

매년을 강조한 말.

연년익수/延年益壽

나이를 많이 먹고 오래오래 사는 것을 이름.

연대지필/椽大之筆

서까래만한 큰 붓이라는 뜻으로, 뛰어난 대문장(大文章), 대논문(大論文) 등을 이르는 말.

연독지정/吮犢之情

자기 자녀에 대한 사랑이나 부하에 대한 사랑을 겸손하게 이르

는 말.

연목구어/緣木求魚

나무에 올라가 고기를 구하려 한다는 뜻으로, 도저히 불가능한 일을 굳이 하려 함을 비유할 때 쓰는 말.

연미지액/燃眉之厄

눈앞에 매우 급하게 닥친 액화. 곧 절박한 재액(災厄)을 비유하여 이르는 말.

연안대비/燕雁代飛

제비가 날아올 때는 기러기가 날아가고, 기러기가 올 때에는 제비가 날아가 각각 다른 방향으로 간다는 뜻으로, 인사(人事)가 서로 어긋남을 비유하여 이르는 말.

연연불망/戀戀不忘

사모하여 잊지 못함.

연옹지치/吮癰舐痔

종기의 고름을 빨고 치질 앓는 밑을 핥는다는 뜻으로, 남에게 천박하게 아첨하면서 부끄러운 줄 모른다는 뜻.

연운만리/烟雲萬里

길이 대단히 먼 것을 형용한 말.

염량세태/炎凉世態

권세가 있을 때는 아첨하여 따르고 권세가 떨어지면 푸대접하는 세속의 인심을 이름.

염불위괴/恬不爲愧

옳지 않은 일을 하고도 부끄러워하는 기색이 조금도 없음.

영고성쇠/榮枯盛衰

사람의 일생이 성(盛)하기도 하고 쇠(衰)하기도 한다는 뜻.

영과이후진/盈科而後進

물이 흐를 때는 조금이라도 오목한 데가 있으면 우선 그곳을 가
득 채우고 아래로 흘러감과 같이, 사람의 배움의 길도 속성으로
하고자 하지 말고 차츰차츰 처음부터 닦아야 한다는 말.

영만지구/盈滿之咎

차면 기운다는 이치로 만사가 다 이루어졌을 때에는 도리어 화를
가져옴을 이름.

영불출세/永不出世

집안에 들어박혀 영원히 세상에 나오지 않음.

영생불멸/永生不滅

영원히 살아서 없어지지 않음.

영용무쌍/英勇無雙

영웅적이고 용감하기가 비길 데 없음.

영웅미사심/英雄未死心

영웅이 그의 뜻을 이루지 못하고 중도에서 죽었으나 그 마음만은
죽지 않고 살아 있다는 뜻.

영웅호색/英雄好色

영웅은 여색을 좋아한다는 뜻.

영원무궁/永遠無窮

영원히 다함이 없음.

오동일엽/梧桐一葉

오동 한 닢을 보고 입추가 온 것을 안다는 말.

오두발광/五斗發狂

매우 방정맞게 날뛰는 짓.

오리무중/五里霧中

사방 5리에 걸친 깊은 안개 속이란 뜻으로, 깊은 안개 속에서 길
을 찾기 어려운 것처럼 무슨 일에 대하여 전혀 알 길이 없음을 비

유할 때 쓰는 말.

오매불망/寤寐不忘

자나깨나 잊지 못함.

오불관언/吾不關焉

나는 그 일에 상관하지 아니함.

오비삼척/吾鼻三尺

내 코가 석 자라는 뜻으로, 내 문제의 해결에 여념이 없어 남의
일은 거들떠볼 시간도 없음을 이름.

오비이락/烏飛梨落

까마귀 날자 배 떨어진다는 뜻으로, 우연의 일치로 의심을 받게
됨을 이름.

오상고절/傲霜孤節

서릿발이 심한 속에서도 굴하지 않고 홀로 꿋꿋하게 지키는 절개
의 뜻으로, 국화를 비유하여 이르는 말.

오십보백보/五十步百步

오십 보 도망친 사람이 백 보 도망친 사람을 비웃는다는 말로, 정
도의 차이는 있으나 본질적으로는 같다는 뜻.

오우천월/吳牛喘月

오우가 더위를 두려워한 나머지 달을 보아도 해인 줄 알고 헐떡
인다는 뜻으로, 지레짐작으로 조그만 일에도 겁을 먹고 걱정함을
이름.

오운지진/烏雲之陣

까마귀가 흩어지는 것과 같고 구름이 모이는 것과 같이 집산(集
散)이 그지없으며 변화가 많은 진법(陳法).

오월동주/吳越同舟

적국인 오나라와 월나라가 같은 배를 타고 있다는 말로, 서로 적

의를 품은 자들이 같은 처지나 한 자리에 놓임을 가리키거나, 서
로 반목하면서도 공통의 곤란이나 이해에 대해서 협력하는 일을
비유한 말.

오유반포지효/烏有反哺之孝
까마귀 새끼가 자라서 그 어버이에게 먹이를 먹여 주는 일로, 자
식이 부모의 은혜에 보답함을 이름.

오풍십우/五風十雨
닷새만에 바람이 불고 열흘만에 비가 온다는 뜻으로, 비바람이
적당히 때맞춰 있어 농사가 잘되게 한다는 뜻.

오합지졸/烏合之卒
임시로 되는 대로 모집하여 교련(敎鍊) 없는 군졸(軍卒)을 뜻하므
로, 수는 많으나 쓸모 없고 규율 없는 단체를 이름.

오합지중/烏合之衆
까마귀가 모인 것같이 갑자기 모인 질서가 없고 힘없는 무리들을
일컫는다.

옥석구분/玉石俱焚
옥과 돌이 함께 타버린다는 뜻으로, 선악의 구별 없이 모두 재앙
을 받음.

옥오지애/屋烏之愛
사람이 귀여우면 그 사람의 집에 있는 까마귀까지 귀애한다는 뜻
으로, 한번 혹하여 한 사람을 귀애하게 되면 모든 것이 다 좋게만
보인다는 뜻.

옥의옥식/玉衣玉食
아주 좋은 옷을 입고 맛있는 음식을 먹음, 또는 좋은 옷과 맛있는
음식.

온고지신/溫故知新

옛것을 익혀서 새것을 안다는 말로, 옛것을 익힘으로써 그것을 통하여 새로운 지식과 도리를 발견하게 된다는 뜻.

온고지정/溫故之情

옛것을 살리고 생각하는 마음씨를 이름.

온의미반/溫衣美飯

따뜻한 의복을 입고 맛있는 음식을 먹는다는 뜻.

온청정성/溫淸定省

자식이 부모를 정성껏 모시는 예(禮).

옹리혜계/甕裏醯雞

옹기(甕器) 속의 작은 하루살이라는 뜻으로, 사람의 시야가 아주 협소한 것을 이름.

옹산화병/甕算畵餠

독장수 셈과 그림의 떡이라는 뜻으로 실속이 없음을 이르는 말.

와각지쟁/蝸角之爭

달팽이 뿔 위에서의 싸움이라는 뜻으로, 대세에는 아무런 영향을 끼치지 않는 쓸데 없는 싸움을 비유하기도 하고, 또한 인간 세계가 보잘것없이 작음을 비유한 말.

와룡봉추/臥龍鳳雛

영웅이 아직 세상에 나오지 않음을 비유한 말.

와석종신/臥席終身

갑자기 죽지 않고 제 명을 다 살고 자리에 누워서 죽음

와신상담/臥薪嘗膽

나무 위에서 잠을 자고 쓸개를 핥는다는 뜻으로, 원수를 갚으려고 괴롭고 어려움을 참고 견디며 심신을 단련함을 비유한 말.

와전/瓦全

옥(玉)이 못되고 기와가 되어 안전하게 남는다는 뜻으로, 아무 보

람 없이 신명(身命)을 보전함.

와해토붕/瓦解土崩

기와가 깨어지고 흙이 무너진다는 말로, 사물이 크게 무너져 흩어지는 것을 이름.

완물상지/玩物喪志

사물을 가지고 노는데 정신이 팔려서 본래의 뜻을 잃어 버림을 경계하여 이르는 말.

완벽귀조/完璧歸趙

흠이 없는 구슬 또는 구슬을 온전히 보전한다는 뜻으로, 티끌만큼의 결점도 없는 완전한 상태나 빌어온 물건을 온전히 되돌려 주는 것을 말한다.

완호지물/玩好之物

신기하고 보기 좋은 물건.

왈가왈부/曰可曰否

어떤 일에 대하여 옳거니 옳지 않거니 하고 말함.

왜자간희/矮子看戲

난쟁이가 덩치 큰 사람들 틈에 끼어 구경을 한다는 뜻으로, 아무 것도 모르면서 남을 따라하는 사람을 비유한 말.

외강내유/外剛內柔

겉으로는 강하게 보이나 속은 부드러움.

외유내강/外柔內剛

겉으로 보기에는 부드러우나 속은 곧고 강함.

요동시/遼東豕

요동의 돼지새끼를 뜻하는 것으로, 견문이 넓지 못한 사람이 신기하게 여기고 떠든 것이 실상은 흔히 있는 일일 경우에 하는 말.

요원지화/燎原之火

무서운 형세로 타 나가는 벌판의 불이란 뜻으로, 세력이 대단해
서 막을 수 없음을 비유한다.

요유인흥/妖由人興

요시스러움은 사람의 양심을 잃있을 때 일어남을 이름.

요조숙녀/窈窕淑女

그윽하고 정숙하며 자태가 아름다운 여자.

욕곡봉타/欲哭逢打

울고 싶던 차에 매를 맞아서 운다는 뜻으로, 무엇을 하고 싶던
차에 좋은 핑계가 생겼다는 말.

욕교반졸/欲巧反拙

잘 만들려고 지나친 기교를 부리다가 오히려 졸렬한 결과를 보게
되었다는 뜻으로, 너무 잘하려고 하면 오히려 잘 되지 않음. 또는
잘하려고 하는 일이 잘 안됨.

욕불가종/欲不可從

사람의 욕정은 한량이 없으므로 절제하지 않으면 재화(災禍)를
받는다는 뜻.

욕사무지/欲死無地

죽으려 해도 죽을 만한 땅이 없다는 뜻으로, 매우 분하고 원통함.

욕소필연/欲燒筆硯

남이 지은 문장을 보고 자신의 재주가 그에 미치지 못함을 탄식
하는 말.

욕지래자찰왕/欲知來者察往

미래의 일을 알려면 과거의 일을 살펴야 한다는 것.

용두사미/龍頭蛇尾

용의 머리와 뱀의 꼬리란 뜻으로, 처음은 왕성하나 끝이 부진함
을 비유한 말.

용맹정진/勇猛精進

심기(心氣)를 고무하여 일에 전력을 다하는 것.

용미봉탕/龍味鳳湯

아주 맛이 좋은 음식을 이르는 말.

용봉지자/龍鳳之姿

모습이 보통 사람보다 뛰어남을 이름.

용사비등/龍蛇飛騰

용과 뱀이 날아오르는 것처럼 글씨가 힘참.

용지불갈/用之不渴

아무리 써도 없어지지 않음.

용추지지/用錐指地

조그마한 지식으로 큰 도리(道理)를 궁구(窮究)하는 비유.

용필침웅/用筆沈雄

그림이나 글씨의 운필(運筆)이 무게가 있고 박력 있음.

용행호보/龍行虎步

용이 가는 것이나 호랑이가 걷는 것이 같다는 뜻으로, 귀인의 상
(相)을 이름.

우공이산/愚公移山

우공이 산을 옮긴다는 뜻으로, 꾸준히 노력하면 어떤 일이라도
반드시 이룰 수 있음을 비유한 말.

우도할계/牛刀割鷄

소 잡는 데 쓰는 칼로 닭 잡는 데 쓴다는 뜻으로, 작은 일을 하는
데 큰 기구를 씀을 이름.

우문현답/愚問賢答

어리석은 질문에 대한 현명한 대답.

우수마발/牛溲馬勃

쇠오줌과 말똥이라는 뜻으로, 대수롭지 않은 물건을 말함.

우심여취/憂心如醉

시름하여 마음이 술에 취한 것처럼 흐리멍덩함.

우여곡절/迂餘曲折

뒤얽힌 복잡한 사정.

우유부단/優柔不斷

유약해서 딱 잘라 결단을 내리지 못함.

우이독경/牛耳讀經

쇠귀에 경을 읽는다는 뜻으로, 무슨 말을 하여도 도무지 알아듣지 못하는 경우에 이르는 말.

우자일득/愚者一得

어리석은 사람도 때에 따라 좋은 고안을 낸다는 것.

우행순추/禹行舜趨

겉으로만 우(禹)나 순(舜) 같은 성인의 흉내를 냄.

우화등선/羽化登仙

껍질을 벗고 날개를 달아 하늘로 올라가 신선이 된다는 뜻으로, 세상의 혼란함에서 벗어난다는 말.

우후죽순/雨後竹筍

비 온 뒤에 죽순이 나듯, 어떤 일이 한꺼번에 많이 생겨남을 뜻함.

욱욱청청/郁郁靑靑

향기가 높고 수목이 우거져 푸른 모양.

운권천청/雲捲天晴

①구름이 걷히고 하늘이 맑게 갬. ②병이나 근심이 깨끗이 사라짐.

운니지차/雲泥之差

서로의 차이가 썩 심함. 또는 썩 심한 차이를 이르는 말.

운룡풍호/雲龍風虎

용은 구름을 좇고 범은 바람을 따른다는 뜻으로, 의기와 기질이 서로 맞음. 또는 성주(聖主)가 현명한 신하를 얻음을 비유.

운산무소/雲散霧消

구름이 흩어지고 안개가 사라진다는 뜻으로, 걱정이나 근심 등이 깨끗이 사라짐을 이르는 말.

운산조몰/雲散鳥沒

구름처럼 어느새 흩어지고 새처럼 자취없이 사라짐.

운심월성/雲心月性

구름 같은 마음과 달 같은 성품. 곧 맑고 깨끗하여 욕심이 없음의 비유.

운야산야/雲耶山耶

먼 곳을 바라보며 산인지 구름인지 분별 못하여 의심하는 것.

운연과안/雲煙過眼

구름과 연기(煙氣)가 순식간에 눈앞을 스쳐가고 오래 머무르지 않음과 같이 한때의 쾌락을 오래 마음에 두지 않는다는 뜻.

운예지망/雲霓之望

구름과 무지개를 바란다는 뜻으로, 날이 심히 가물 때 비를 바란다 함이니, 무엇을 간절히 바랄 경우에 쓰는 말.

운우지락/雲雨之樂

남녀 사이에 육체적으로 관계하는 즐거움.

운증용변/雲蒸龍變

물이 증발하여 구름이 되고 뱀이 변하여 용이 되어 하늘로 오른다는 뜻으로, 영웅호걸이 기회를 얻어 일어남을 비유.

운집무산/雲集霧散

많은 것이 모이고 또 흩어짐을 이름.

운합무집/雲合霧集

많은 것이 일시(一時)에 모임.

울울창창/鬱鬱蒼蒼

나무가 매우 푸르고 울창함.

원교근공/遠交近攻

먼 나라와는 친히 지내고 가까운 나라를 공격한다는 뜻.

원규지진/元規之塵

내 마음에 못마땅하게 생각하는 타인의 행위(行爲)를 이름. 원규(元規)는 진(晉)나라 유양(庾亮)의 자(字).

원비지세/猿臂之勢

군대의 진퇴(進退)와 공수(攻守)를 자유자재로 하는 것.

원수불구근화/遠水不救近火

먼 곳에 있는 것은 급할 때 아무 소용이 없다는 뜻.

원앙지계/鴛鴦之契

원앙새는 암수가 서로 떨어지지 않고 지내는 새로, 부부가 서로 화락함을 비유하여 이르는 말.

원입골수/怨入骨髓

원한이 골수에 사무친다는 뜻.

원전활탈/圓轉滑脫

말을 하거나 일을 처리하는데 모나지 않고, 여러 가지 수단을 써서 원만하게 난국을 헤쳐나감.

원화소복/遠禍召福

화를 멀리하고, 복을 불러들임.

월만즉휴/月滿則虧

사람의 권세나 영화는 달이 차면 기울 듯 잠깐 있다가 꿈같이 사라지는 것.

월반지사/越畔之思

자기 직무를 완수하고 타인의 직권(職權)을 침범하지 않으려고 근신하는 생각.

월시진척/越視秦瘠

월(越)나라가 진(秦)나라 땅이 메마름을 상관치 않듯이 남의 환난을 돌보지 않는 태도를 이르는 말.

월영즉식/月盈則食

한 번 흥하면 한 번은 망한다는 뜻.

월조대포/越俎代庖

자신의 직분을 넘어 타인의 권한을 침해하는 것을 말한다. 즉 주제넘은 참견을 뜻한다.

월태화용/月態花容

달과 같은 자태와 꽃과 같은 얼굴 생김새라는 뜻으로, 아름다운 여인의 모습.

월하노인/月下老人

혼인을 중매한다고 하는 전설상의 노인. 남녀의 인연을 맺어 주는 사람.

월하빙인/月下氷人

월하노(月下老)와 빙상인(氷上人)이란 말을 합친 약어로, 남녀의 연분을 맺어 주는 중매인이란 뜻으로 쓰이고 있다.

위기일발/危機一髮

베틀에 낀 터럭 하나와 같은 위험한 순간으로, 조금도 마음을 놓을 수 없는 위급한 순간.

위선최락/爲善最樂

선한 일을 하는 것은 인생 최대의 낙(樂)임을 이름.

위약조로/危若朝露

위태롭기가 아침 해에 곧 마를 이슬과 같다는 뜻으로, 사람의 운명이 무상함을 비유하여 이르는 말.

위여누란/危如累卵

알을 쌓아둔 것과 같은 위태로움. 아주 위태로운 상태를 이름.

위언탄식/喟然歎息

한숨을 쉬며 크게 탄식함.

위이불맹/威而不猛

위엄(威嚴)은 있으나 결코 난폭(亂暴)하지 않음.

위편삼절/韋編三絶

옛날에 공자(孔子)가 주역을 너무 여러 번 읽었으므로 그 책을 맸던 가죽끈이 세 번이나 끊어졌다는 것에서 유래한 고사로서, 열심히 공부한다는 뜻.

유각양춘/有脚陽春

은혜를 베푸는 것이 마치 봄이 만물을 따뜻하게 함과 같은 사람을 비유한 말.

유구무언/有口無言

입은 있으나 말이 없다는 뜻으로, 무엇이라고 변명할 말이 없다는 뜻.

유능제강/柔能制剛

부드러운 것이 강한 것을 능히 이김이니 너그럽고 부드럽게 하는 것이 딱딱하고 매섭게 하는 것보다 효과적이라는 말.

유래지풍由來之風

예로부터 전해 오는 풍속.

유만부동/類萬不同

모든 것이 서로 같지 않다는 말.

유명무실/有名無實

　이름만 있고 실상은 없음.

유방백세/流芳百世

　꽃다운 이름이 후세에 길이 전함.

유비무환/有備無患

　사전에 미리 준비해 두면 뒷걱정을 할 필요가 전혀 없다는 말.

유상무상/有象無象

　①우주간에 존재하는 모든 물체를 이르는 말. ②어중이떠중이.

유수도식/遊手徒食

　아무 일을 하지 않고 빈둥빈둥 놀며 먹음.

유시무종/有始無終

　처음이 있고 끝이 없다는 뜻으로, 시작한 일의 끝을 맺지 않음.

유시유종/有始有終

　처음이 있고 끝이 있다는 뜻으로, 시작한 일을 끝까지 함.

유아독존/唯我獨尊

　우주 가운데 자기보다 존귀한 존재는 없다는 뜻으로, 자기 인격의 존엄함을 이르는 말.

유아지탄/由我之歎

　나로 말미암아 남에게 해가 미친 것을 걱정한다는 뜻.

유야무야/有耶無耶

　①있는지 없는지 흐리멍덩한 모양. ②흐지부지한 모양.

유어출청/遊魚出聽

　거문고 소리의 묘함에 이끌려서 물고기까지 올라와 듣는다는 뜻으로, 예기(藝技)가 뛰어날 때 칭찬하는 말.

유우지병/幽憂之病

　마음에 맺힌 것이 있어 쉽사리 감상적(感傷的)으로 되는 병.

유유낙낙/唯唯諾諾

　명령하는 말에 대하여 언제든지 공손하게 응낙함을 이름.

유유상종/類類相從

　같은 무리끼리 서로 내왕하며 사귐.

유유자적/悠悠自適

　속세를 떠나 아무 속박 없이 자기하고 싶은 대로 조용하고 편안

히 생활을 하는 일.

유의막수/有意莫遂

　뜻은 간절하여도 마음대로 되지 못함.

유주무량/有酒無量

　술을 얼마든지 마실 정도로 주량이 큼.

유주지탄/遺珠之歎

　훌륭한 인재를 등용하지 못하여 한탄함.

유취만년/遺臭萬年

　나쁜 이름을 후세에 오래도록 남김.

유필유방/遊必有方

　자식은 부모가 생존해 계실 때는 그 슬하에서 모셔야 하며 비록

유학을 할지라도 반드시 일정한 곳에 머물러야 한다는 뜻.

육도풍월/肉跳風月

　글자를 잘못 써서 알아보기 어렵고 가치가 없는 한시(漢詩).

육탈골립/肉脫骨立

　몸에 살이 빠져 뼈만 남도록 마름.

율기제행/律己制行

　자신의 마음을 단속하고 행동을 삼감.

은감불원/殷鑑不遠

　은나라 왕이 거울로 삼아야 할 것은 먼 데 있지 않다는 뜻으로,

타인의 실패를 보고 자신의 거울로 삼아 주의하라는 말.

은거방언/隱居放言

속세를 피하여 혼자 지내면서 품고 있는 생각을 거리낌없이 말함.

은산덕해/恩山德海

산처럼 높고 바다와 같이 크고 넓은 은혜.

은인자중/隱忍自重

마음 속으로 괴로움을 감추며 몸가짐을 신중히 함.

음덕양보/陰德陽報

남 몰래 덕을 쌓은 사람은 비록 사람들이 몰라준다 하더라도 하늘이 알아 주어 겉으로 나타날 만한 복을 받는다는 뜻.

음마투전/飮馬投錢

말에게 물을 마시게 할 때 먼저 돈을 물 속에 던져서 물값을 갚는다는 뜻으로, 결백한 행실을 이름.

음미도달/吟味到達

빈틈없이 생각하면서 목적하는 바에 이름.

음풍농월/吟風弄月

맑은 바람과 밝은 달을 노래함.

읍읍불락/悒悒不樂

마음이 몹시 불쾌하고 답답하여 즐겁지 않음.

읍참마속/泣斬馬謖

울면서 마속을 벤다는 뜻으로, 큰 목적을 위해 자신이 가장 아끼는 사람도 가차없이 버린다는 말.

읍혈/泣血

소리를 내지 않고 욺.

의금경의/衣錦褧衣

비단옷을 입고 그 위에 또 홑옷을 입는다는 뜻으로, 군자가 미덕
이 있으나 이를 자랑하지 않음을 비유한 말.

의금지영/衣錦之榮

입신출세하여 고향에 돌아가는 영광.

의동일실/義同一室

한 집안 식구처럼 정이 두터움.

의려지정/倚閭之情

자녀가 돌아오기를 초조하게 기다리는 어머니의 마음.

의마가대/倚馬可待

빠르게 잘 짓는 남의 글재주를 부러워함.

의마지재/倚馬之才

글을 지음이 민첩한 것을 비유한 말.

의미심장/意味深長

말이나 글의 뜻이 매우 깊음.

의식족즉지영욕/衣食足則知榮辱

의식이 풍족하여 생활이 안정되어야만 도덕과 예절을 알게 된다
는 뜻.

의심생암귀/疑心生暗鬼

의심을 하면 없던 귀신이 만들어진다는 뜻으로, 마음 속에 의심
이 생기면 온갖 망상이 일어나 정확한 판단을 흐리게 한다는 말.

의외지사/意外之事

뜻밖에 일어난 일. 생각지 않은 일.

의중지인/意中之人

①마음 속에 새겨져 잊을 수 없는 사람. ②마음 속으로 지목한 사
람.

의중지인/義重之人

의리심이 두텁고, 말과 행동이 의젓한 사람.

이겸차안/以鎌遮眼

낫으로 눈을 가린다는 뜻.

이고위감/以古爲鑑

옛것을 거울로 삼는다는 뜻.

이공보공/以空補空

제 자리에 있는 것으로 제 자리를 때운다는 뜻으로, 이 세상에는 공것이나 또는 거저 생기는 이득이 아무것도 없다는 뜻. 제 살로 제 때우기.

이군삭거/離群索居

군(群)은 동문(同門)의 벗이고, 삭(索)은 흩어지는 것. 즉 친구들과 떨어져서 외롭게 사는 것을 이름.

이금심도/以琴心挑

그리워하는 마음을 거문고 소리에 나타내어 여자의 마음을 움직임.

이덕보원/以德報怨

원수에게 은혜를 베푸는 것을 이름.

이락치심/以樂治心

아름다운 음악으로 괴로운 마음을 달랜다는 뜻.

이란투석/以卵投石

계란으로 돌을 친다는 뜻으로, 아무리 하여도 소용없는 일을 비유한 말.

이로동귀/異路同歸

가는 길은 다르되 도달하는 곳은 같다는 뜻으로, 방법은 다르되 귀착점(歸着点)은 같다는 말.

이모상마/以毛相馬

다만 털을 보아 말의 좋고 나쁨을 분간하듯이, ①외모만 보고 그 참 실력을 보지 않음을 이름. ②사람을 보되 그 실력을 보지 않고 다만 그 하는 말이 그럴 듯함을 취한다는 뜻.

이모지년/二毛之年
센 털이 나기 시작하는 나이란 밀로 서른 두 살을 가리킴.

이몽가몽/移夢假夢
꿈인지 생시인지 의식이 똑똑하지 않은 모양.

이문목견/耳聞目見
귀로 듣고 눈으로 봄. 곧 실지로 경험함.

이발지시/已發之矢
이미 쏜 화살이니 중지할 수 없는 형편이라는 뜻.

이사위한/以死爲限
죽음을 각오하고서 일을 한다는 말.

이석추호/利析秋毫
이(利)에 대해서는 매우 작은 것이라도 따진다는 뜻.

이세동조/異世同調
때는 다르되 가락은 같다는 뜻으로, 사람의 세상은 고금(古今)이 나 다름이 없다는 뜻.

이식위천/以食爲天
식물(食物)은 사람이 살아가는 데 근본이 되는 것이라는 뜻.

이실직고/以實直告
있는 사실을 바른 대로 고한다는 말.

이심전심/以心傳心
마음에서 마음으로 전한다는 뜻으로, 말이나 글에 의하지 아니하고 마음에서 마음으로 전달됨을 뜻하는 말.

이역부득/移易不得

달리 변통할 수 없음.

이열치열/以熱治熱

열은 열로써 다스린다는 뜻으로, 힘은 힘으로 물리친다는 말.

이오전오/以誤傳誤

헛소문이 꼬리를 물고 번져 간다는 뜻.

이율배반/二律背反

서로 모순되는 두 명제가 꼭 같은 근거를 내세우며 정당하다고 주장되는 일.

이이제이/以夷制夷

오랑캐를 시켜서 오랑캐를 누른다는 말.

이인위감/以人爲鑑

남의 득실을 거울삼아 자신을 경계하는 것

이인투어/以蚓投魚

미물인 지렁이라도 물고기가 좋아하듯, 보잘것없는 것이라도 다 쓸모가 있다는 말.

이지기사/頤指氣使

턱으로 가리켜 시키고 기색(氣色)으로 부린다는 뜻으로, 사람을 자유로이 부림을 비유하여 이르는 말.

이지측해/以指測海

손가락으로 바다의 깊이를 잰다는 뜻으로, 양(量)을 모르는 어리석음을 이름.

이차전령/以次傳令

처음부터 차례 차례로 전함.

이체동심/異體同心

몸은 각각이나 마음은 한가지임.

이포역포/以暴易暴

횡포한 사람으로 횡포한 사람을 바꿈. 곧 바꾸기 전과 바꾼 후의 사람이 똑같이 횡포하다는 뜻.

이풍역속/移風易俗

풍속을 개량하여 세상을 좋게 함.

이하부정관/李下不整冠

오얏 나무 밑에서 갓을 고쳐 쓰지 말라는 뜻으로, 남에게 의심받을 짓은 아예 처음부터 하지 말라는 말.

이하조리/以蝦釣鯉

새우 미끼로 잉어를 낚는다는 뜻.

이현령비현령/耳懸鈴鼻懸鈴

귀에 걸면 귀고리, 코에 걸면 코고리라는 뜻으로, 붙이기에 따라 이렇게도 저렇게도 될 수 있다는 말.

이호미/履虎尾

사태가 위험한 것을 비유.

이화설/梨花雪

배꽃의 하얗고 깨끗함을 이름.

이효상효/以孝像孝

효성이 지극한 나머지 어버이의 죽음을 너무 슬퍼하여 병이 나거나 죽음.

익자삼우/益者三友

사귀어 보탬이 되는 친구가 세 가지 있음을 이름. 곧 정직한 사람, 신의 있는 사람, 학식이 있는 사람을 이르는 말.

인거피도/引車避道

길가는 도중에 귀인을 만났을 때 공경하여 길을 피해 줌.

인걸지령/人傑地靈

인걸은 영검 있는 땅에서 난다는 말.

인고부지족/人苦不知足

　사람은 물질에 만족치 못하는 것을 괴롭게 여긴다는 뜻.

인과응보/因果應報

　좋은 일에는 좋은 결과가, 나쁜 일에는 나쁜 결과가 따름.

인구전파/因口傳播

　말이 이 사람의 입에서 저 사람의 입으로 전해 퍼짐.

인급계생/人急計生

　다급하면 무슨 계책이 생긴다는 말.

인기아취/人棄我取

　다른 사람이 버리는 것을 나는 거두어 씀.

인마낙역/人馬絡繹

　인마(人馬)의 왕래가 잦아 잇따라 있다는 뜻으로, 번화한 곳을 비유하여 이르는 말.

인망위진/認妄爲眞

　거짓을 참으로 앎.

인면수심/人面獸心

　허울은 좋으나 속마음이 음흉한 사람을 이르는 말.

인명재천/人命在天

　사람이 살고 죽는 것이나 오래 살고 못 살고 하는 것은 다 하늘에 달려 있으니 사람으로서는 어찌할 수 없다는 말.

인모난측/人謀難測

　간사한 사람의 못된 계책은 추측하기 어려움.

인무불령/隣巫不靈

　이웃집 무당 영험하지 않다는 뜻으로, 가까이서 그 실체를 보면 보통과 다름이 없으나 눈에 보이지 않으면 신비하게 여길 수 있음을 이름.

인비목석/人非木石

사람은 모두 희로애락의 감정을 가지고 있으며, 목석과 같이 무정하지 않다는 것.

인비인/人非人

사람이면서 사람이 아니라 뜻으로, 인도를 벗어난 사람을 이르는 말.

인사개관정/人事蓋棺定

사람의 평이란 그가 죽어 보아야 안다는 말.

인사불상/人事不祥

사람으로서 세 가지의 부실한 일. 곧 어리면서 어른을 섬기지 않고, 천하면서 지체 높은 이를 무시하며, 변변치 못하면서 어진 사람을 우러러보지 않는 것.

인사불성/人事不省

인사를 돌아보지 않음이니, 예절을 차릴 줄 모른다는 뜻.

인산인해/人山人海

사람이 한없이 많이 모임을 이름.

인생무상/人生無常

인생의 덧없음을 이름.

인생조로/人生朝露

아침 이슬은 해가 뜨면 곧 마름과 같이 덧없는 인생을 뜻함.

인생여풍등/人生如風燈

사람의 목숨은 풍전등화 같아서 내일을 기약할 수 없다는 말.

인소불감/人所不堪

사람의 힘으로는 견디어 내기 힘든 정도의 형편.

인순고식/因循姑息

낡은 습관이나 폐단을 벗어나지 못하고 눈앞의 안일만을 취함.

인심난측/人心難測

　사람의 마음은 헤아리기 어려움을 이름.

인언수재/人焉廋哉

　사람은 무엇이든지 숨길 수 없다는 것.

인유구구/人惟求舊

　옷은 새옷이 좋고 사람은 옛 사람이 좋다는 뜻.

인유실의/引喩失儀

　비유를 잘못하여 뜻이 어긋나는 것.

인의예지/仁義禮智

　사람의 몸에 갖추어야 할 네 가지 덕.

인이불발/引而不發

　사람에게 학문을 가르침에 있어 단지 공부하는 법만을 가르치고
　그 묘처를 말하지 않아 학습자로 하여금 궁리하여 자득(自得)케
　하는 것.

인인성사/因人成事

　무슨 일을 함에 제 힘으로만 하지 않고 남의 도움을 받아 일을
　이룬다는 뜻.

인자무적/仁者無敵

　어진 사람은 모든 사람을 사랑하므로 천하에 적이 없음.

인자요산(仁者樂山)

　인자는 의리에 만족하여 몸가짐이 진중하고 심덕이 두터워, 그
　마음이 산과 비슷하므로 산을 즐김.

인자지용/仁者之勇

　의를 위하여 나서는 어진 사람의 용기.

인적부도/人跡不到

　산이 험하고 깊거나 또는 인가에서 멀리 떨어져 있거나 해서, 사

람의 발자취가 이르지 아니함.

인정승천/人定勝天

노력하면 어려운 일이라도 극복할 수 있다는 말.

인중기기/人中騏驥

뛰어나게 잘난 사람을 이름.

인지상정/人之常情

사람이라면 누구나 가지고 있는 보통의 인정.

인지수경/人之水鏡

정신이 맑고 깨끗한 것을 이름.

인지위덕/忍之爲德

모든 일에 있어서 참는 것이 덕이 됨.

인추자자/引錐自刺

공부하다가 잠이 오면 송곳으로 자기 몸을 찔러 잠을 깨게 하는 것.

인홀불견/因忽不見

언뜻 보이다가 바로 없어져 보이지 아니함.

인후지지/咽喉之地

목구멍과 같은 땅이라는 뜻으로, 매우 중요한 목을 이루는 지대를 비유해서 이르는 말.

일가동목/一家桐木

집안에 오동나무를 심었더니 후일 그 집 형제 둘이 모두 재상이 되었다는 데서 나온 말.

일각여삼추/一刻如三秋

일각이 삼 년 같다는 뜻으로, 시간이 빨리 지나기를 간절히 기다리는 것을 이름.

일거수일투족/一擧手一投足

손을 한 번 들고 발을 한 번 옮긴다는 뜻으로, 조그마한 일에 이르기까지 하나 하나의 동작을 이르는 말.

일거양득/一擧兩得
한 가지 일을 하여 두 가지 이익을 얻는 것.

일견여구/一見如舊
처음으로 만났을 뿐이지만 서로 마음이 맞고 정이 들어 오래 전부터 사귄 벗같이 친밀함.

일고삼장/日高三丈
날이 밝아 아침 해가 벌써 높이 떴음.

일구월심/日久月深
날이 오래되고 달이 깊어 간다는 뜻으로, 세월이 흘러 오래될수록 자꾸만 더해짐을 이르는 말.

일구이언/一口二言
한 입으로 두 가지 말을 한다는 뜻으로, 한 사람이 한 가지 일에 대해 이랬다저랬다 상반되게 하는 말을 이름.

일기당천/一騎當千
한 사람이 천 사람을 당해 낸다는 뜻으로, 무예가 뛰어남을 이름.

일기지욕/一己之慾
자기 한 몸만을 위한 욕심.

일낙천금/一諾千金
한 번 승낙함은 천금같이 중한 일이니, 약속을 하면 꼭 지키라는 말.

일념통천/一念通天
한 마음으로 열심히 하면 하늘이 감동하여 일이 이루어진다는 말.

일단사일표음/一簞食一瓢飮

도시락밥과 표주박의 물로, 겨우 목숨을 이어갈 수 있는 소량
의 음식을 이름.

일당백/一當百

헌 사람이 백 사람을 당해 낸다는 뜻으로, 용맹한 사람을 말함.

일도양단/一刀兩斷

한 칼로 쳐서 두 도막을 내듯 선뜻 결정함을 가리키는 말.

일락천장/一落千丈

신망이나 위신 따위가 동시에 여지없이 떨어져 버림.

일로영일/一勞永逸

한때 고생하고 오랫동안 안락을 누림.

일룡일사/一龍一蛇

때에 따라서 용이 되기도 하고 뱀이 되기도 한다는 뜻으로, 시대
의 형편에 잘 적응함을 비유한 말.

일룡일저/一龍一豬

하나는 용과 같이 되고 하나는 돼지같이 된다는 뜻으로, 어릴 때
는 비슷비슷하던 아이들이 학문의 유무에 따라 장성하여서는 심
한 우현(愚賢)의 차이가 생김을 말함.

일리일해/一利一害

이로움이 있음과 동시에 해로움이 있음. 이익과 손해가 상반함.

일망무제/一望無際

한눈에 다 바라볼 수 없도록 아득하게 멀고 넓어서 끝이 없음.

일망타진/一網打盡

그물을 던져서 한 번에 많은 물고기를 잡는다는 뜻으로, 한꺼번
에 모조리 잡아 버린다는 말.

일면여구/一面如舊

처음으로 만났으나 곧 친밀하게 됨을 이름.

일모도원/日暮途遠

날은 저물고 길은 멀다는 뜻으로, 뜻한 바를 이루기에는 때가 너무 늦었다는 말.

일모불발/一毛不拔

몹시 인색한 사람을 빈정대어 이르는 말.

일목요연/一目瞭然

한눈에 바로 알아볼 수 있도록 환하고 뚜렷함.

일목파천/一木破天

일이 미처 때를 만나지 못함을 이름.

일미지언/溢美之言

너무 지나치게 칭찬하는 말.

일발필중/一發必中

한 번 쏘아 반드시 맞힘.

일벽만경/一碧萬頃

바다의 넓고 푸른 경지.

일보불양/一步不讓

남에게 한 걸음도 양보하지 아니함.

일부일앙/一俯一仰

머리를 숙이기도 하고 우러러보기도 함.

일부종신/一夫終身

아내가 남편이 죽은 뒤에도 개가를 하지 않고 일생을 마침.

일불거론/一不擧論

한 번도 논의하지 아니함. 한번도 상관하지 아니함.

일불현형/一不現形

한 번도 나타나지 아니함

일비지력/一臂之力

남을 도와줄 때 보잘것없는 힘이라고 스스로 낮추어 하는 말.

일사천리/一瀉千里

　냇물이 한번 흐르면 천리(千里)를 간다는 뜻으로, 아무런 거침없이 빨리 진행됨.

일삼매/一三昧

　잡념을 버리고 일에 열중하는 일.

일색소박/一色疏薄

　아름다운 여자일수록 남편에게 소박당하는 수가 많다 하여 이르는 말.

일석이조/一石二鳥

　하나의 돌로 새 두 마리를 잡았다는 뜻으로, 하나로 두 가지 이득을 본다는 뜻.

일성일쇠/一盛一衰

　한 번 성하고 한 번 쇠함. 성하는 때도 있고 쇠하는 때도 있음.

일세지웅/一歲之雄

　그 시대에 대적할 만한 사람이 없을 정도로 뛰어난 사람.

일소부재/一所不在

　한 곳에 오래 머물러 있지 않음, 곧 정처 없이 떠돌아다님.

일소일소일노일로/一笑一少一怒一老

　한 번 웃는 것이 천금의 값어치가 있다는 말.

일수독박수질무성/一手獨拍雖疾無聲

　한 손으로는 소리가 나지 않는다는 뜻으로, 임금은 현명한 신하를 얻어야 대업을 이룰 수 있으며, 신하 또한 현명한 임금을 만나야만 재능을 발휘할 수 있다는 것을 비유한 말.

일수백확/一樹百穫

　하나를 심으면 백을 거둠. 인물을 양성하는 보람을 이름.

일신우일신/日新又日新

날로 새로워짐.

일신천금/一身千金

사람의 몸은 매우 귀중한 것이라는 뜻.

일심동체/一心同體

(여러 사람이 뜻이나 행동을 함께 하여) 한마음 한 몸이 됨. 곧 밀접하고 굳게 결합함을 이르는 말.

일심정념/一心正念

오직 한가지 일에만 마음을 쓰고 생각함.

일어탁수/一魚濁水

물고기 한 마리가 물을 흐리게 한다는 뜻으로, 한 사람의 악행으로 인해 여러 사람이 피해를 입게 됨.

일언가파/一言可破

여러 말을 하지 않고 한마디로 잘라서 말해도 능히 판단할 수 있음.

일언반구/一言半句

단 한 마디의 말.

일언이폐지/一言以蔽之

한 마디의 말로 능히 그 전체의 뜻을 다함.

일엽편주/一葉片舟

한 척의 조그마한 조각배.

일이관지/一以貫之

하나로 줄줄이 꿰었다는 말로, 한 이치로써 모든 일을 꿰뚫는다는 뜻.

일일삼추/一日三秋

하루가 3년처럼 길게 느껴진다는 뜻으로, 그리워서 몹시 애태우며 기다림.

일자천금/一字千金

글자 한 자에 천금의 가치기 있다는 뜻으로, 아주 훌륭한 글씨나 문장을 비유한 말.

일장춘몽/一場春夢

한바탕 꾼 봄 꿈으로 헛된 영화나 덧없는 인생을 말함.

일조일석/一朝一夕

하루 낮과 밤. 대단히 짧은 시간을 이름.

일조지분/一朝之忿

일시적인 감정에 격하여 도의에 벗어난 분노(忿怒)를 이름.

일조지환/一朝之患

갑자기 하루 아침에 덮치는 근심이나 재앙.

일중도영/日中逃影

오정 때에 그림자를 피하고자 한다는 뜻. 곧 불가능한 일의 비유.

일진광풍/一陣狂風

한바탕 부는 사납고 거센 바람.

일진일퇴/一進一退

앞으로 나아갔다 뒤로 물러났다 함.

일촉즉발/一觸卽發

한번 스치기만 해도 곧 폭발할 것 같은 위험한 지경으로 조그마한 일이 원인이 되어 막 일이 일어날 듯한 아주 위급한 상태에 놓여 있음을 이르는 말.

일촌간장/一寸肝腸

한 토막의 간과 창자라는 뜻에서, 애가 탈 때의 마음을 형용.

일취월장/日就月將

나날이 다달이 좋아짐.

일취지몽/一炊之夢

　인생은 믿기 어렵고 세상은 덧없다는 것을 가리키는 말.

일패도지/一敗塗地

　일단 패하면 간과 뇌가 땅에 뒹굴게 된다는 뜻으로, 여지없이 패하여 다시 일어설 수 없게 됨을 일컫는 말.

일편단심/一片丹心

　한 조각 붉은 마음, 진정(眞情)에서 우러나오는 충성된 마음.

일편지언/一偏之言

　두 쪽 가운데의 한쪽 말. 한쪽으로 기운 말.

일필휘지/一筆揮之

　단숨에 힘차게 글씨를 써 내림.

일호백낙/一呼百諾

　한 사람이 소리를 내어 외치면 여러 사람이 이에 따름.

일호지액/一狐之腋

　한 마리의 여우 겨드랑이 밑에서 뜯어낸 희고 고운 털이라는 뜻으로, 아주 진귀한 물건을 비유하여 이르는 말.

일희일비/一喜一悲

　기쁜 일과 슬픈 일이 번갈아 일어 남. 한편 기쁘고 한편 슬픔.

일희일우/一喜一憂

　기쁨과 근심이 번갈아 일어남.

임갈굴정/臨渴掘井

　목이 말라야 우물을 판다는 뜻으로, 준비 없이 일을 당하여 허둥지둥하고 애씀을 이름.

임림총총/林林叢叢

　많이 모이어 빽빽하게 들어서 있는 모양.

입기국자종기속/入其國者從其俗

다른 곳에 가서는 그곳의 풍속을 따라야 한다는 것.

입신양명/立身揚名

출세하여 이름이 세상에 드날리게 됨.

입이불번/入耳不煩

귀로 듣기에 싫지 않다는 뜻으로, 아첨하는 말을 이름.

입장중/入掌中

상대편의 마음 속에 간직하고 잊지 않는다는 것.

입호이출호구/入乎耳出乎口

귀로 듣고, 곧 이것을 입으로 말할 뿐으로 실천을 하지 않는 것을 이름.

자가당착/自家撞着
자기가 한 말의 앞뒤가 맞지 않음.

자격지심/自激之心
자기가 해놓은 일에 대해 스스로 미흡하게 여기는 마음.

자곡지심/自曲之心
결점이 있거나 남보다 못한 점이 있는 사람이 스스로 고깝게 여기는 마음.

자과부지/自過不知
흔히 사람은 자기의 과실을 스스로 깨닫지 못하는 법이라는 말.

자린고비/玼吝考妣
더러울 정도로 인색한 사람을 꼬집어 이르는 말.

자수삭발/自手削髮
제 손으로 머리를 깎는다는 뜻으로, 어려운 일을 남의 힘을 빌리지 않고 제 힘으로 처리한다는 말.

자수성가/自手成家
물려받은 재산 없이 제 힘으로 재산을 모은다는 뜻.

자승자박/自繩自縛
제가 꼰 새끼로 저를 묶는다는 뜻으로, 자기의 마음씨나 언행으로 제가 구속을 받아 괴로워함을 이름.

자승지벽/自勝之癖

　언제나 제가 남보다 낫다고 여기는 버릇을 이름.

자시지벽/自是之癖

　자기의 편견만을 옳다고 여기는 버릇. 편벽된 소견만을 옳다고 고집하는 버릇.

자애지정/慈愛之情

　아랫사람에게 베푸는 두터운 사랑의 마음.

자업자득(自業自得)

　자기가 저지른 일에 대해 스스로 그 결과를 받음.

자중지난(自中之亂)

　자기네 패 속에서 일어나는 싸움질.

자초지종(自初至終)

　처음부터 끝까지의 동안, 또는 처음부터 끝까지의 과정.

자취지화(自取之禍)

　제 스스로의 잘못으로 받게 되는 재앙.

자포자기/自暴自棄

　마음에 불만이 있어 행동을 되는 대로 마구 취하고 스스로 자신을 돌보지 아니함을 뜻한다.

자하달상/自下達上

　아래로부터 위에 미치게 함.

자화자찬/自畵自讚

　본인이 그린 그림을 자기 스스로 칭찬한다는 뜻에서, 자기가 한 일을 자기 스스로 자랑함을 이르는 말.

작수성례/酌水成禮

　물을 떠놓고 혼례를 지낸다는 뜻으로, 가난한 집에서 구차하게 혼례를 치름을 이르는 말.

작심삼일/作心三日

한 번 한 결심이 사흘을 못 감.

작약지증/芍藥之贈

남녀간에 향기로운 작약 꽃을 보내어 정을 더욱 두텁게 하는 것을 이름.

잔두지련/棧豆之戀

말이 조금 남은 콩을 탐하여 외양간을 떠나지 못한다는 뜻으로, 보잘것없는 작은 이익을 잊지 못하고 애쓰는 모양을 비유한 말.

장두상련/腸肚相連

창자가 잇따라 있다는 뜻으로, 어떤 사람들끼리 무엇을 궁리하거나, 또는 생각하거나 하는 것이 아주 같아 배짱이 서로 맞음.

장삼이사/張三李四

장(張)씨의 셋째 아들과 이(李) 씨의 넷째 아들이란 뜻으로, 평범한 사람들을 가리킴.

장수선무다전선고/長袖善舞多錢善賈

소매가 길면 춤추기가 수월하듯, 재물이 많으면 장사하기도 쉽다. 조건이 좋으면 성공하기도 쉽다는 뜻.

장야지음/長夜之飮

기나긴 밤을 술로 지냄.

장중보옥/掌中寶玉

손안에 든 보배로운 옥과 같다는 뜻으로, ①귀여워하는 자식을 이름. ②매우 소중히 여기는 것을 뜻함.

장진지망/長進之望

앞으로 크게 잘되어 갈 희망.

장취불성/長醉不醒

노상 술을 계속해서 마시어 깨지 아니함.

재가빈역호/在家貧亦好

객지에 있는 사람이 고향을 그리워한 말로, 자기 집에 있으면 아무리 가난해도 조금도 고통을 느끼지 않을 것이라는 뜻.

재대난용/材大難用

재목이 커서 쓰이기 곤란하다는 말로, 재사(才士)가 불우한 깃을 비유한 말.

재삼지의/在三之義

사람은 군(君)·사(師)·부(父)의 삼자에 의하여 사는 것이므로, 그들의 몸이 있는 곳에서 죽어야 된다는 것을 이름.

재승박덕/才勝薄德

재주는 있어도 덕이 적음.

쟁어자유/爭魚者濡

이익을 얻으려고 다투는 사람은 언제나 다툼을 면치 못한다는 말.

적공지탑불휴/積功之塔不隳

공든 탑이 무너지랴라는 뜻으로, 정성을 들인 것은 헛되지 않고 이루어진다는 말.

적구지병/適口之餠

입에 맞는 떡이라는 뜻으로, 꼭 알맞음을 이름.

적덕누인/積德累仁

널리 세상에 덕을 쌓고 어진 일을 많이 함.

적막강산/寂寞江山

몹시 쓸쓸한 풍경을 이르는 말.

적반하장/賊反荷杖

도둑이 도리어 매를 든다는 뜻으로, 잘못한 사람이 사죄하기는커녕 화를 내며 억지씀을 이름.

적부인지자/賊夫人之子

　남의 자식을 버려놓는 것을 이르는 말.

적빈무의/赤貧無依

　매우 가난한데다가 의지할 곳조차 없음.

적소성다/積少成多

　티끌 모아 태산이라는 말과 같은 뜻.

적수공권/赤手空拳

　맨손에 빈주먹이라는 뜻으로, 아무것도 가진 것이 없다는 뜻.

적수성가/赤手成家

　몹시 가난한 집에 태어난 사람이, 제 힘으로 노력하여 살림을 장
만하고 한 집을 이룸.

적수성연/積水成淵

　한 방울 한 방울의 물이 모여 연못을 이룬다는 뜻.

적약무인/寂若無人

　사람이 없는 것같이 조용한 것을 이름.

적원심노/積怨深怒

　오래 쌓이고 쌓인 원망과 마음 속 깊이 맺혀 있는 노여움.

적인자위지적/賊仁者謂之賊

　사람으로서 인을 해치는 자가 진짜 도적이라는 뜻.

전거복철/前車覆轍

　앞 수레가 지나간 바퀴자국이란 뜻으로, 앞사람의 실패를 거울
삼으라는 말.

전거후공/前倨後恭

　전에는 거만했었는데 나중에 태도가 겸손하게 변하는 것.

전고미문/前古未聞

　지난날에는 들어보지도 못한 것.

전도유망/前道有望
앞날이 좋게 될 희망이 있음.

전문불여친견/傳聞不如親見
전해 듣는 말은 틀릴 때가 많으므로 실지로 보는 것만 못 하다는 말.

전신만신/全身滿身
온몸을 강조하여 이르는 말.

전심치지/全心致志
다른 생각을 끊고 그 일에만 마음을 온전히 바쳐 뜻한 바를 이룸.

전전걸식/戰戰乞食
정한 곳이 없이 이리저리로 돌아다니며 구걸하여 먹음.

전전긍긍/戰戰兢兢
두려워서 매우 조심함.

전전반측/輾轉反側
이리저리 뒤척이며 잠을 못 이룸.

전초제근/翦草除根
풀을 베고 뿌리를 캔다는 뜻으로, 근본을 절멸(絶滅)함을 이름.

전패위공/轉敗爲功
실패한 것을 거울 삼아 공(功)을 이루는 계기로 삼음.

전화위복/轉禍爲福
화를 바꾸어 복으로 만듦.

절고진락/折槁振落
고목을 자르고 낙엽을 훑어낸다는 뜻으로, 매우 쉬운 일을 비유.

절대가인/絶代佳人
이 세상에는 견줄 만한 사람이 없을 정도로 뛰어나게 어여쁜 여자.

절인지용/絶人之勇

　남보다 뛰어난 용맹을 지녔다는 말.

절지지이/折枝之易

　나무를 꺾는 것과 같이 쉬운 일. 대단히 쉬운 일을 이름.

절차탁마/切磋琢磨

　상아와 구슬 따위를 갈고 닦아 빛을 낸다는 뜻으로, 학문이나 덕
　행을 힘써 닦는다는 뜻.

절치부심/切齒腐心

　이를 갈고 심장을 썩힌다는 뜻으로, 몹시 분하게 여김을 이름.

절해고도/絶海孤島

　뭍에서 아주 멀리 떨어져 있는 바다 가운데의 외로운 섬.

점입가경/漸入佳境

　점점 더 재미있는 경지로 들어간다는 뜻.

정구건즐/井臼巾櫛

　물 긷고 절구질하고 수건과 빗을 받드는 일이라는 뜻으로, 아내
　가 가정 주부로서 마땅히 해야 할 일을 이르는 말.

정금단좌/正襟端坐

　옷매무새를 바로 하고 단정하게 앉음.

정금양옥/精金良玉

　인격이나 시문(詩文)의 썩 아름다움을 말함.

정문일침/頂門一針

　정수리에 침을 한 대 놓는다는 뜻으로, 잘못된 것의 급소를 찔러
　충고함을 말함.

정사원서/情絲怨緖

　애정과 원한이 서로 엉킴을 이름.

정심공부/正心工夫

마음을 바르게 가다듬어 배워 익히는 데 힘씀.

정위전해/精衛塡海

무모한 일을 기도하지만 결국 헛수고로 끝난다는 말.

정자정야/政者正也

정자(政者)의 본의는 천하를 바르게 한나는 뜻임.

성중시성/井中視星

우물 속에서 하늘을 보면 겨우 별 몇 개밖에 보이지 않음과 같이 사심(私心)에 가리우면 견해가 한편으로 치우치게 된다는 말.

제궤의혈/堤潰蟻穴

개미 구멍으로 마침내 큰 둑이 무너진다는 말.

제도중생/濟度衆生

고해의 중생을 건져주는 일.

제산항해/梯山航海

험악한 산을 넘거나 바다를 건너 타국에 사신으로 감을 이름.

제세지재/濟世之材

세상을 구제하여 줄 만한 뛰어난 인재.

제월광풍/霽月光風

도량이 넓고 시원함.

제이면명/提耳面命

귀를 끌어당겨 면전에서 명령을 내린다는 뜻으로, 사리를 깨닫도록 간곡히 타이름을 이름.

제포연연/綈袍戀戀

벗이 추위에 떠는 것을 동정하여 의복을 주었다는 고사에서, 우정이 깊음을 이르는 말.

제하분주/濟河焚舟

적군을 공격하러 가는 마당에 배를 타고 물을 건너서는 그 배를 태워 버린다는 말로 필사의 각오를 다져 먹음.

조강지처/糟糠之妻

지게미와 쌀겨로 끼니를 이으며 함께 고생을 하던 아내란 뜻으로, 몹시 가난하고 비천할 때 고난을 함께 겪어온 본처(本妻)를 일컫는 말.

조궁즉탁/鳥窮則啄

새는 진퇴가 궁하면 도리어 상대를 쪼는 것을 이름.

조기자복야/鳥起者伏也

평행으로 날아가던 새가 놀라 급히 높이 뜰 때에는 그 밑에 복병이 있음을 이름.

조동모서/朝東暮西

정한 곳 없이 자주 이리저리 옮겨다님을 이름.

조령모개/朝令暮改

아침에 명령하고, 저녁에 다시 고친다는 뜻으로, 법령을 자주 바꿔 종잡을 수 없음을 비유한 말.

조로인생/朝露人生

인생의 허무하고 덧없음을 이르는 말.

조명시리/朝明市利

명예는 조정에서, 이익은 시장에서 다투라는 뜻으로, 무슨 일이든 적당한 장소에서 행하라는 말.

조불급석/朝不及夕

형세가 급박하여 아침에 저녁 일이 어떻게 될지 알지 못함.

조삼모사/朝三暮四

아침에 세 개, 저녁에 네 개라는 말로, 눈앞에 당장 나타나는 차이만을 알고 그 결과가 같음을 모르는 경우를 비유하기도 하고, 간사한 꾀로 사람을 속여 희롱함을 이르기도 한다.

조상육불외도/俎上肉不畏刀

　도마 위의 고기가 칼을 무서워하랴라는 뜻으로, 죽음을 각오하면 더 이상 두려울 것이 없음을 이름.

조수불급/措手不及

　일이 매우 급하여 손댈 나위가 없다는 말.

조수족/措手足

　손발을 움직인다는 뜻으로, 겨우 살아갈 만하다는 말.

조여청사모성설/朝如靑絲暮成雪

　아침에는 파란 실이더니 저녁에는 눈이 되었다는 뜻으로, 젊어서 검던 머리가 늙어 백발이 됨을 이르는 말.

조족지혈/鳥足之血

　새 발의 피란 뜻으로 아주 작은 것을 가리킬 때 이름.

족불리지/足不履地

　발이 땅에 닿지 않는다는 뜻으로, 매우 급히 달아남을 이름.

족탈불급/足脫不及

　맨발로 뛰어도 미처 따라가지 못한다는 뜻으로, 능력·역량·재질 따위의 차이가 뚜렷함을 이르는 말.

존망지추/存亡之秋

　존속하느냐 멸망하느냐의 매우 위급한 때. 죽느냐 사느냐의 중대한 경우.

졸부귀불상/猝富貴不祥

　갑자기 부귀하게 되면 도리어 좋지 못한 일이 생긴다는 말.

졸지풍파/猝地風波

　별안간 일어나는 풍파.

종고지낙/鐘鼓之樂

　종고(鐘鼓)의 소리와 같이 부부의 소리가 상화(相和)하여 즐거워하는 것을 이름.

종금이후/從今以後

지금으로부터 그후.

종두지미/從頭至尾

처음부터 끝까지.

종명누진/鐘鳴漏盡

때를 알리는 종이 울고 물시계의 누수도 다되어 밤이 이미 지났다는 뜻으로, 벼슬아치의 노경(老境)을 이르는 말.

종무소식/終無消息

끝끝내 이렇다 할 아무런 소식이 없음.

종선여등/從善如登

착한 일을 하는 것은 매우 힘들다는 뜻.

종시여일/終始如一

처음부터 끝까지 변치 않는 것.

종식지간/終食之間

식사를 하는 짧은 시간이라는 뜻으로, 얼마 되지 않은 동안을 비유하여 이르는 말.

종이부시/終而復始

어떤 일을 한번 끝내어 마쳤다가 다시 시작함.

종천지통/終天之痛

이 세상에서 잊을 수 없는 슬픔.

종회여류/從懷如流

자기 마음대로 하고도 아무런 제재가 없음을 이름.

종횡무애/縱橫無礙

자유 자재하여 사방 팔방에 걸린 것이 없는 상태.

종횡무진/縱橫無盡

자유 자재하여 거침없는 상태.

좌고우면/左顧右眄

왼쪽을 돌아보고 오른쪽을 살핀다는 뜻으로, 일을 얼른 결정하지
못하고 망설임.

좌단/左袒

웃옷의 왼쪽 어깨를 벗는다는 뜻으로, 남의 편을 들어 동의함을
나타낼 때 쓰는 말.

좌불안석/坐不安席

앉은 자리가 편치 않음. 불안해하거나 근심이 있음.

좌이대단/坐以待旦

밤중부터 앉아서 날이 새기를 기다림.

좌정관천/坐井觀天

우물에 앉아 하늘을 쳐다보고 하늘의 넓이가 그것밖에 안 되는
줄 안다는 뜻으로, 너무도 세상 물정을 모름.

좌지우오/左支右吾

이리저리 버티어서 겨우 지탱해 감.

좌지우지/左之右之

마음대로 처리한다는 말.

주경야독/晝耕夜讀

낮에는 일을 하고 밤에는 글을 읽는다는 뜻으로, 바쁜 틈을 타서
어렵게 공부함을 이르는 말.

주과포혜/酒果脯醯

술 · 과실 · 포 · 식혜 따위로 간략하게 차린 제물(祭物).

주궁휼빈/賙窮恤貧

몹시 가난한 사람을 구하여 도와 줌.

주마가편/走馬加鞭

달리는 말에 채찍질을 한다는 뜻으로, 잘하는 것에 만족하지 말고 더 잘하도록 재촉함.

주마간산/走馬看山

달리는 말 위에서 산을 본다는 뜻으로, 대충 훑어보며 지나침.

주상야몽/晝想夜夢

낮에 생각한 바가 그날 밤 꿈으로 나타남.

주색잡기/酒色雜技

술과 여자와 노름.

주야불망/晝夜不忘

밤낮으로 잊지 아니함.

주야장천/晝夜長川

밤낮으로 쉬지 않고 잇따라서.

주위상책/走爲上策

목숨이 위태로울 때에는 도망치는 것이 가장 좋은 꾀라는 말.

주작부언/做作浮言

터무니없는 거짓말을 꾸며 냄.

주주객반/主酒客飯

주인은 손에게 술은 권하고 손은 주인에게 밥을 권한다는 말. 술에 독을 타지 않았다는 증명으로 주인이 먼저 한 잔 들고 손에게 권한다는 해석도 있음.

주지육림/酒池肉林

술이 못을 이루고 고기가 숲을 이루었다는 뜻으로, 호사하고 방탕한 술자리를 비유한 말.

죽마고우/竹馬故友

어릴 때 대나무로 만든 말을 타며 함께 놀던 친구라는 뜻으로, 어릴 때부터 같이 놀며 자란 친구를 일컫는 말.

준답배증/噂沓背憎

눈앞에서는 친한 체하며 수다를 떨고 돌아서서는 비방함.

준조절충/樽俎折衝

술자리에서 적의 창 끝을 꺾는다는 말로, 외국과의 교섭에서 국위(國威)를 빛내는 일을 의미한다.

중구난방/衆口難防

여러 사람의 말을 이루 다 막기는 어려움.

중구삭금/衆口鑠金

여러 사람이 다같이 하는 말에는 금과 같이 굳은 것도 다 부서진다는 뜻으로, 그만큼 사람의 입이 무섭다는 뜻.

중과부적/衆寡不敵

적은 숫자로는 많은 숫자를 대적하지 못한다는 뜻.

중도개로/中途改路

일을 진행하는 중간에 방침을 바꿈.

중도반단/中途半斷

시작한 일을 깨끗이 끝내지 않고 중간에 흐지부지함.

중도이폐/中道而廢

힘이 미처 다하기 전에 중도에서 폐함.

중망소귀/衆望所歸

여러 사람의 촉망이 한 사람에게로 쏠림.

중소성다/衆少成多

조그만 것도 여럿이 모이면 큰 것이 된다는 말.

중언부언/重言復言

한 말을 자꾸 되풀이함.

중원축록/中原逐鹿

중원을 천하, 사슴을 임금의 자리에 비유한 것으로, ①임금의 자리를 얻고자 다툼. ②서로 경쟁하여 어떤 지위를 얻으려 함.

지과만인/智過萬人

지략이 보통 사람보다 썩 뛰어남을 이름.

지기지우/知己之友

자기의 속마음을 잘 알아 주는 벗. 서로의 마음을 알아 주는 친구.

지란지교/芝蘭之交

벗 사이의 좋은 감화를 주고받으며 서로 이끌어 나가는 맑고도 높은 사귐.

지록위마/指鹿爲馬

사슴을 보고 말이라고 우긴다는 뜻으로, 윗사람을 농락하여 권세를 마음대로 휘두르거나 남에게 잘못을 뒤집어씌워 함정에 빠뜨리는 것을 말한다.

지리멸렬/支離滅裂

체계가 없이 이리저리 마구 흩어져 갈피를 잡을 수 없음.

지만의득/志滿意得

바라는 대로 되어서 마음이 몹시 흡족함.

지불생무명지초/地不生無名之草

땅은 이름 없는 풀을 자라게 하지 않는다는 뜻으로, 이 세상에 쓸모 없는 물건이라고는 하나도 없음을 이르는 말.

지성감천/至誠感天

지극한 정성에 하늘이 감동해 무슨 일이나 이룰 수 있다는 말.

지우지감/知遇之感

자기의 인격이나 학식을 잘 알아 주고 후하게 대우해 줌에 대한 고마운 마음.

지은보은/知恩報恩

남이 베풀어 준 은혜를 알고 그 은혜를 갚음.

지인지감/知人之鑑

사람을 알아보는 슬기.

지자불혹/知者不惑

지자는 사물의 도리에 밝으므로 일을 당하여 의혹하는 바 없이 잘 분별함.

지족불욕/知足不辱

분수를 알고 만족하면 욕을 보지 않음.

지피지기백전불태/知彼知己百戰不殆

상대를 알고 나를 알면 백 번을 싸워도 위태롭지 않다는 말로, 상대의 강점과 약점, 나의 강점과 약점을 충분히 알고 승산이 있을 때 싸움에 임하면 패하지 않는다는 뜻이다.

지호지간/指呼之間

손가락으로 부르면 대답할 수 있을 만한 사이로, 매우 가까운 거리라는 뜻.

직목선벌/直木先伐

곧은 나무 먼저 꺾인다는 뜻으로, 강한 것은 그만큼 적을 많이 만들 수 있다는 뜻도 됨.

진담누설/陳談屢說

길게 늘어놓기만 하였지 도무지 쓸데 없는 말이란 뜻.

진인사대천명/盡人事待天命

사람으로서 할 수 있는 일을 다한 뒤에 하늘의 뜻을 기다린다는 뜻으로, 무슨 일이나 있는 힘을 다하여 노력하여야 한다는 뜻.

진진상인/陳陳相因

묵은 것이 쌓였다는 뜻으로, 일이 진부함을 비유하는 말.

진퇴양난/進退兩難

앞으로 나갈 수도 없고 뒤로 물러설 수도 없는 궁지에 빠진다는 뜻으로, 어떻게 해야 옳을지 모르는 어려운 사정을 당하였다는 말.

진퇴유곡/進退維谷

앞으로 나가지도 못하고 물러서지도 못한다는 뜻으로, 어떻게 해야 좋을지 모르는 난처한 경우에 처하였다는 말.

질풍심우/疾風甚雨

센 바람과 몹시 쏟아지는 비.

차곡격치/車轂擊馳
  수레가 끊일 사이 없이 많이 왕래함.

차문차답/且問且答
  한편으로 물으면서 한편으로 대답함.

차여유수/車如流水
  수레가 쏜살같이 흐르는 물 같다는 뜻으로, 속력이 빠른 것을 비
  유한 말.

차일피일/此日彼日
  이날저날하며 자꾸 기한을 늦추는 모양.

차재두량/車載斗量
  차에 싣고 말로 된다는 뜻으로, 물건이 대단히 많음을 이름.

차청입실/借廳入室
  대청을 빌려 머물러 있다가 차츰 안방으로 들어온다는 뜻으로,
  처음에는 남을 의지하다가 차차 남의 권리를 침범함을 비유.

차치물론/且置勿論
  내버려두고 문제로 삼지 않음.

차호위호/借虎威狐
  윗사람의 권위를 빌려 공갈을 하는 자의 비유.

참불인견/慘不忍見

너무나 참혹하여 차마 볼 수가 없음.

참정절철/斬釘截鐵
꿋꿋하고 의연한 태도.

참초제근/斬草除根
걱정이나 재앙이 될 일을 죄다 없애버림을 이르는 말.

창랑자취/滄浪自取
자기가 잘못되고 잘되는 것, 칭찬받고 배척받는 것 등은 다 자기 하기에 달렸으며 제 탓이라는 뜻.

창업이수성난/創業易守成難
일을 이루기는 쉽지만 이룬 것을 지키기는 어려움.

창왕찰래/彰往察來
지난 일을 명찰(明察)하여 장래의 득실을 살핌을 이름.

창우백출/瘡尤百出
헌데가 많이 났다는 뜻으로, 잘못과 실수가 무수히 많음을 이름.

창졸지간/倉卒之間
어떻게 할 수 없이 급작스러운 동안이라는 말.

창해일속/滄海一粟
넓고 깊은 바다에 떠있는 한 알의 좁쌀로, 매우 넓거나 많거나 아주 큰 것 가운데 섞여 있는 보잘것없는 것.

채색부정/采色不定
풍채와 안색이 일정하지 않다는 뜻으로, 희노(喜怒)를 억누르지 못하고 잘 나타냄을 이름.

책인즉명/責人則明
자신의 잘못은 덮어놓고 남의 잘못을 나무라는 데는 밝음.

처성자옥/妻城子獄
아내라는 성과 자식이라는 감옥에 갇혀 있다는 뜻으로, 처자식에 얽매어 자유롭게 활동할 수 없음을 비유한 말.

척당불기/倜儻不羈

　뜻이 크고 기개가 있어서 남에게 구속을 받거나 굽히지 않음.

척산촌수/尺山寸水

　높은 산에서 내려다 본 경치의 형용.

척애독락/隻愛獨樂

　짝사랑한다는 뜻으로, 자기 혼자서 생각하고 즐긴다는 뜻.

척오천/尺五天

　거리가 극히 얼마 안 되는 곳을 이름.

척호지정/陟岵之情

　고향에 있는 부모를 그리워하는 마음.

천가지년/天假之年

　수명을 늘여 더 오래 살게 함.

천감만려/天感萬廬

　각가지 느낌과 생각.

천경지위/天經地緯

　영원히 변치 않는 진리나 법칙.

천고만난/千苦萬難

　온갖 고생과 곤란.

천고마비/天高馬肥

　하늘이 높고 말이 살찐다는 뜻으로, 가을이 썩 좋은 절기임을 나타낼 때 쓰는 말.

천고불후/千古不朽

　영원히 썩지 않음. 영원히 사라지지 않음.

천교만태/千嬌萬態

　모든 아름다운 태도나 아양을 떠는 모양.

천군만마/千軍萬馬

아주 썩 많은 수효의 병마(兵馬).

천기누설/天機漏洩

중대한 기밀이 누설됨을 이르는 말.

천도부도/天道不謟

하늘이 선인에게는 복을 주고 악인에게는 화를 주는 것은 조금도
의심할 바 없음.

천려일득/千慮一得

어리석은 사람도 많은 생각 가운데는 한 가지쯤 좋은 생각이 미
칠 수 있다는 말.

천려일실/千慮一失

천 가지 생각 가운데 한 가지 실수라는 뜻으로, 지혜로운 사람도
많은 생각 가운데 한두 가지의 실책이 있을 수 있다는 말.

천리동풍/千里同風

온 천지에 같은 바람이 분다는 뜻으로, 태평한 세상을 이름.

천리안/千里眼

천리 밖을 볼 수 있는 안력(眼力)이란 뜻으로, 먼 데서 일어난 일
을 직감적으로 감지하는 비상한 재주를 말한다.

천만부당지설/千萬不當之設

아주 부당한 말. 얼토당토 않은 말.

천무음우/天無淫雨

하늘에서 궂은 비가 내리지 않는다는 뜻으로, 화평한 나라, 태평
한 시대를 비유하여 이르는 말.

천무이일/天無二日

하늘에는 태양이 둘이 없다는 뜻으로, 한 나라에 두 임금이 있을
수 없음을 비유하여 이르는 말.

천반주하/天半朱霞

　인품이 특출하여 뭇 사람의 눈길을 끄는 것을 비유하는 말.

천방지축/天方地軸

　①어리석게 종잡을 수 없이 덤벙이는 상태. ②몹시 급하여 방향을 모르고 함부로 날뛰는 상태를 이르는 말.

천번지복/天飜地覆

　세상에 커다란 변동이 일어남을 뜻하는 말.

천봉만학/千峯萬壑

　수많은 산봉우리와 산골짜기.

천부당만부당/千不當萬不當

　조금도 가당치 않음.

천붕지통/天崩之痛

　하늘이 무너지는 것처럼 아프다는 뜻. 임금이나 아버지의 상사(喪事)를 당한 슬픔.

천사만량/千思萬量

　여러 가지 생각과 헤아림.

천상기린아/天上麒麟兒

　뭇 어린이들 중에서 뛰어난 어린이를 칭찬해서 하는 말.

천생배필/天生配匹

　하늘에서 미리 마련해 둔 배필이니 썩 잘 어울리는 배필이란 말.

천생우익/天生羽翼

　형제간에 서로 친함을 비유.

천석고황/泉石膏肓

　자연을 사랑하는 것이 병적이라 할 만큼 깊다는 뜻.

천세일시/千歲一時

　다시 만나기 어려운 좋은 기회.

천신만고/千辛萬苦

한없이 수고하고 애를 쓰며 고생한다는 뜻.

천양지간/天壤之間

하늘과 땅의 사이라는 뜻으로, 매우 차이가 심함을 이름.

천연세월/遷延歲月

일을 당한 그때그때 처리하지 않고 미루는 것을 이름.

천연지차/天淵之差

차이가 현격하여 마치 하늘과 땅 위의 연못과의 거리에 견줄 수 있다는 말.

천우신조/天佑神助

하늘과 신의 도움.

천은망극/天恩罔極

임금의 은혜가 한없이 두터움.

천의무봉/天衣無縫

하늘의 직녀가 짜 입은 옷은 솔기가 없다는 뜻으로, 시문(詩文) 등이 매우 자연스러워 조금도 꾸민 데가 없음을 비유하기도 하고, 완전 무결하여 흠이 없음을 비유하기도 한다.

천인지의/天仁地義

하늘의 인(仁)과 땅의 의(義). 하늘과 같이 인자하고, 땅과 같이 바름을 이르는 말.

천자만홍/千紫萬紅

천가지 자줏빛과 만가지 주홍이란 뜻으로, 온갖 빛깔로 만발한 꽃을 이름.

천작지합/天作之合

하늘이 지은 배필.

천장지구/天長地久

①하늘과 땅은 영원함을 이르는 말. ②하늘과 땅처럼 영구히 변함이 없음을 이르는 말.

친장부지/天井不知

물건값 같은 것이 자꾸 오르기만 함을 가리키는 말.

천재일우/千載一遇

천 년만에 한 번 만나게 되는 기회라는 뜻으로, 좀처럼 만나기 어려운 좋은 기회를 일컫는 말.

천지망아/天之亡我

아무 잘못 없이 저절로 결딴이 난다는 말.

천진난만/天眞爛漫

조금도 꾸밈없이 천진함.

천차만별/千差萬別

여러 가지 사물이 제각기 서로 차이와 구별이 많이 있음.

천참만륙/天斬萬戮

수없이 여러 동강을 쳐서 참혹하게 죽임.

천추만세/千秋萬歲

천년이고 만년이고 오래 삶. 장수를 축수하는 말.

천추유한/千秋遺恨

오랜 세월을 두고 잊지 못할 원한.

천층만층/千層萬層

매우 많은 사물이 구별되는 층, 또는 그 모양. 수없이 많이 포개어진 켜.

천태만상/千態萬象

여러 가지 다른 모양과 형상이 있다는 말.

천파만파/千波萬波

수없이 많은 물결. 갈피를 잡을 수 없이 어지러운 형상을 이르는 말.

천편일률/千篇一律
①여러 시문의 격조가 거의 비슷하여 개별적 특성이 없음. ②많은 사물이 개성 없이 엇비슷함.

천필염지/天必厭之
하늘이 못된 사람을 미워하여 반드시 벌을 줌을 이르는 말.

천하언재/天何言哉
하늘은 아무 말도 하지 않지만 도(道)는 행한다는 것.

천하태평/天下泰平
평화로운 세상이라는 말. 근심 없는 마음을 뜻함.

천학비재/淺學菲才
학문이 얕고 재주가 보잘것없음. 자기 학식을 겸손하게 이르는 말.

철가도주/撤家逃走
온 가족을 데리고 살림을 뭉뚱그려 도망감.

철두철미/徹頭徹尾
머리에서 꼬리까지 철저함. 처음부터 끝까지 철저함.

철면피/鐵面皮
얼굴에 철판을 깐 듯 부끄러운 줄을 모르는 파렴치한 인간을 두고 하는 말.

철중쟁쟁/鐵中錚錚
평범한 사람들 중에 특별히 뛰어난 사람을 이르는 말.

철천지원/徹天之寃
하늘에 닿을 정도로 사무친 큰 원한이라는 뜻.

첩첩이구/喋喋利口
거침없이 잘하는 빠른 말솜씨.

청경우독/晴耕雨讀

갠 날은 논밭 일을 하고 비오는 날에는 집에서 책을 읽는다는 뜻으로, 부지런히 일하며 시간 나는 대로 공부함을 이르는 말.

청등홍가/靑燈紅街

화류계(花柳界)를 달리 이르는 말.

청백리/淸白吏

청렴한 벼슬아치.

청산유수/靑山流水

막힘 없이 말을 썩 잘하는 것의 비유.

청심과욕/淸心寡慾

마음이 깨끗하고 욕심이 적음.

청심이/淸心耳

정신과 귀를 깨끗이 함.

청운지지/靑雲之志

청운(靑雲)이란 푸른 빛깔의 구름으로, 높은 지위에 올라가고자 하는 야망을 뜻하기도 하고, 속(俗)된 세상에서 벗어나려는 뜻을 의미하기도 한다.

청의동자/靑衣童子

신선의 시중을 든다는 푸른빛의 옷을 입은 남자아이.

청천백일/靑天白日

맑게 갠 하늘에서 빛나는 해란 뜻으로, 훌륭한 인물은 세상 사람들 모두 알아본다는 의미였으나, 지금은 무죄를 가리키는 말로 쓰인다.

청천벽력/靑天霹靂

맑게 갠 하늘의 날벼락이란 뜻으로, 뜻밖에 일어난 재난이나 변고가 생기는 경우에 쓰이는 말.

청출어람/靑出於藍

쪽에서 나온 푸른 물감이 쪽보다 더 푸르다 뜻으로, 제자가 스승보다 더 뛰어남을 일컫는 말.

초근목피/草根木皮

①풀뿌리와 나무껍질. 영양 가치가 적은 악식(惡食)을 가리키는 말. ②한약의 재료가 되는 물건.

초로인생/草露人生

풀 끝에 맺힌 이슬과 같은 인생이라는 뜻으로, 사람이 산다는 것이 매우 허무하고 세상이 덧없다는 말.

초록동색/草綠同色

풀빛과 녹색은 한 색깔이라는 말로, 서로 같은 처지나 같은 부류의 사람들끼리 함께 함.

초망지신/草莽之臣

벼슬을 하지 않고 초야에 묻혀 사는 사람.

초모지신/草茅之臣

자기 자신을 겸손하게 이르는 말로, 재야의 신하를 가리킴. 벼슬하지 않은 신하.

초목개병/草木皆兵

적을 두려워한 나머지 온 산의 초목을 적병으로 잘못 보았다는 뜻.

초목구부/草木俱腐

초목과 함께 썩어 없어진다는 뜻으로, 세상에 알려짐 없이 사라짐을 비유.

초무시리/初無是理

처음부터 이치에 맞지 아니함.

초미지급/焦眉之急

눈썹에 불이 붙은 것과 같이 매우 위급한 상태로, 그대로 방치할 수 없는 매우 다급한 일이나 경우를 비유한 말.

초심고려/焦心苦慮

　마음을 태우며 괴롭게 염려함.

초잠식지/稍蠶食之

　점차적으로 조금씩 침략하여 들어감.

초창함루/怊悵含淚

　섭섭하여 슬피 눈물을 머금음.

촉불현발/燭不見跋

　촉(燭)은 횃불, 발(跋)은 횃불의 밑동을 이름. 횃불이 이미 다 타 버려서 횃불의 밑동이 보이면 밤은 이미 깊어진 것임.

촉처봉패/觸處逢敗

　가는 곳마다 낭패(狼狽)를 당함.

촌마두인/寸馬豆人

　멀리에 있는 말과 사람이 작게 보임을 이르는 말.

촌선척마/寸善尺魔

　좋은 것은 적고 나쁜 것이 많다는 뜻.

촌전척택/寸田尺宅

　조그만 재산(財産).

촌진척퇴/寸進尺退

　진보는 적은데 퇴보가 많음. 또는 얻는 것은 적은데 잃는 것이 많음을 이르는 말.

촌철살인/寸鐵殺人

　한 치의 짧막한 칼로 살인을 한다는 뜻으로, 간단한 경구로 상대방의 급소를 찔러 당황시키거나 감동시킴을 비유한 말.

총욕개망/寵辱皆忘

총애와 치욕을 모두 잊고 마음에 두지 않음.

총욕약경/寵辱若驚

달인(達人)은 총영(聰穎)에 놀람이 곤욕에 놀람과 같다. 왜냐하면 총영을 누리면 곤욕(困辱)은 반드시 따르기 때문임. 곧 내 몸을 총욕 이외에 두어야 함을 이름.

총죽지교/葱竹之交

어렸을 때 파피리를 불고 죽마를 타면서 함께 놀던 벗의 교분.

총중고골/塚中枯骨

핏기 없이 파리하고 뼈만 남은 사람을 이름.

최강위유/摧剛爲柔

강직(剛直)한 성질(性質)을 꺾고 유화(柔和)하게 하는 것.

최고납후/催枯拉朽

썩은 나무를 찍는다는 뜻으로, 일이 대단히 쉬움을 이르는 말.

추경정용/椎輕釘聳

망치가 가벼우면 못이 솟는다는 뜻으로, 윗사람이 약하면 아랫사람이 말을 듣지 않게 된다는 것을 이르는 말.

추고마비/秋高馬肥

가을에는 공기가 맑아 하늘이 높아 보이고 말도 살쪄 기운차 보임을 이름. 중국 북쪽의 흉노(匈奴)가 이때를 타서 변경(邊境)을 침노하기 잘하므로 이름.

추도지말/錐刀之末

사소(些少)한 이익(利益). 적은 이익.

추도지리/錐刀之利

뾰족한 송곳의 끝. 아주 작은 일.

추로/鄒魯

공자는 노(魯)나라 사람이고, 맹자는 추(鄒)나라 사람이라는 뜻으로, 공맹(孔孟)을 가리켜 이르는 말.

추매도구/椎埋屠狗

사람을 때려 죽여 파묻으며 개를 잡아 판다는 뜻으로, 포악잔적
(暴惡殘賊)의 무리를 이름.

추부의뢰/趨附依賴

세력 있는 사람에 붙좇아서 의탁하여 지냄.

추상/秋霜

서슬이 퍼런 위엄(威嚴)이나 매서운 지조(志操). 또는 엄한 형벌
을 비유.

추상열일/秋霜烈日

가을의 찬 서리와 여름의 뜨거운 태양이라는 뜻으로, 지조(志操)
나 위력 따위가 썩 엄함을 이르는 말.

추염부열/趨炎附熱

권세와 부귀에 아부함. 권세 있는 사람에게 아부하는 것.

추요지설/芻蕘之說

꼴 베고 나무하는 무식한 사람의 이야기라는 뜻으로, 촌스럽고
고루한 말이란 뜻.

추우강남/追友江南

동무 따라 강남(江南) 간다는 뜻으로, 자기 주관 없이 남의 주관
에 따라 이리저리 움직임을 이름.

추우향사/椎牛饗士

군중(軍中)에서 소를 잡아 장병에게 먹인다는 말로, 대장이 부하
를 우대함을 이름.

추월한강/秋月寒江

유덕(有德)한 사람은 그 마음의 맑기가 가을 달과 찬 강물 같다
는 뜻.

추일사가지/推一事可知

한 가지 일을 미루어서 다른 일을 능히 알 수 있음.

추풍낙엽/秋風落葉

가을 바람에 나뭇잎이 떨어져 흩날림과 같이 산산이 떨어짐을 이름.

추회막급/追悔莫及

지나간 일을 후회하여도 소용이 없음.

축록자불견산/逐鹿者不見山

사슴을 쫓는 사람은 산을 보지 못한다는 뜻으로, 명예와 사리사욕에 눈이 먼 사람은 도리를 저버리기 쉽다는 말.

춘화추월/春花秋月

봄철의 꽃과 가을철의 달이란 뜻으로, 자연계의 아름다움을 이르는 말.

출장입상/出將入相

나가서는 장수가 되고 들어와서는 재상이 된다는 뜻으로, 문무(文武)를 겸비한 사람.

출천열녀/出天烈女

하늘이 낸 열녀라는 뜻으로, 매우 절개가 굳은 열녀를 이르는 말.

충의전골수/忠義塡骨髓

충의를 다하고자 하는 마음이 골수에 깊이 박힘.

취기소장/取其所長

다른 사람의 장점을 취하여 자기 것으로 함.

취생몽사/醉生夢死

취몽 속에 살고 죽는다는 뜻으로, 아무 하는 일 없이 한평생을 흐리멍덩하게 살아감.

취적비취어/取適非取魚

낚시질을 하는 참뜻이 고기 잡는 데 있지 않고 세상 생각을 잊고
자 하는 데 있음. 어떤 행동의 목적이 다른 데 있음.

취중진정발/醉中眞情發

사람이 술에 취하게 되면 평상시에 품고 있던 제 마음 속 생각을
토로한다는 말.

측석이좌/側席而坐

마음속에 근심이 있어서 앉은 자리가 편하지 않음을 이름.

치국평천하/治國平天下

나라를 잘 다스리고 온 세상을 평화롭게 함. 국가를 안태(安泰)하
게 함.

치인설몽/痴人說夢

어리석은 사람이 꿈 이야기를 한다는 뜻으로, 종잡을 수 없이 아
무렇게나 지껄이는 것을 일컫는다.

치지도외/置之度外

내버려둔 채 상대하지 않음.

칠거지악/七去之惡

유교 도덕에서 아내를 내쫓을 수 있는 일곱 가지 죄악. 즉 시부모
에게 불손하고, 자식을 못 낳고, 행실이 음란하고, 질투하고, 불치
병이 있고, 말이 많아 집안의 화목을 깨고, 도둑질을 했을 경우를
말함.

칠보홍안/七寶紅顔

칠보 단장을 한 젊은 여인의 고운 얼굴.

칠전팔기/七顚八起

일곱 번 넘어졌다가 여덟 번째 일어난다는 뜻으로, 여러 번의 실
패에도 굽히지 않고 분투한다는 말.

칠종칠금/七縱七擒

일곱 번 놓아 주고 다시 일곱 번 잡는다는 말로, 자유자재로운 전술을 말함.

침소봉대/針小棒大

바늘같이 작은 일을 몽둥이같이 크게 말한다는 뜻으로, 조그마한 일을 크게 과장하여 떠드는 것을 이름.

타산지석/他山之石
다른 산에서 난 나쁜 돌도 자기의 구슬을 가는 데는 소용이 된다는 뜻으로, 다른 사람의 하찮은 언행이라도 자기의 지덕을 연마하는데 도움이 된다는 말.

타상하설/他尙何說
한 가지 일을 보면 다른 일은 보지 않아도 능히 헤아릴 수 있다는 말. 하나를 보면 열을 앎.

타수가결/唾手可決
쉽게 승부를 낼 수 있음을 이름.

타초경사/打草驚蛇
풀을 쳐서 뱀을 놀라게 한다는 뜻으로, 무심코 한 일이 의외의 결과를 초래함.

타향고지/他鄕故知
외로운 타향에서 고향 벗을 만났다는 뜻으로, 기쁨이 굉장히 클 때를 이름.

탁상공론/卓上空論
탁상 위의 헛된 이론으로, 현실성이나 실현성이 없는 허황된 이론.

탁족만리류/濯足萬里流

속세에서 초연(超然)함을 형용한 말.

탁탁여춘월류/濯濯如春月柳

봄철에 윤이 나는 새싹이 튼 버들처럼 아름다움.

탄우지기/吞牛之氣

소를 삼킬 만한 장대한 기상.

탄지지간/彈指之間

손가락 끝을 튀길 동안이라는 뜻으로, 세월의 흐름이 매우 빠름을 이름.

탄화와주/吞花臥酒

꽃을 사랑하고 술을 좋아하는 풍류의 기질을 이르는 말.

탈토지세/脫兎之勢

토끼가 울에서 뛰쳐나오듯 신속한 기세를 이름.

탐관오리/貪官汚吏

벼슬을 탐내는 추잡한 벼슬아치.

탐다무득/貪多務得

욕심이 많아 많은 것을 탐냄.

탐천지공/貪天之功

천연의 공을 탐내어 자기 힘으로 이룬 체함.

탐화봉접/探花蜂蝶

꽃을 찾는 벌과 나비라는 뜻으로, 여색을 좋아하여 노니는 사람을 이름.

태강즉절/太剛則折

지나치게 굳고 꼿꼿하면 쉽게 부러진다는 뜻으로, 지나치게 단단한 사람은 도리어 실수하기 쉽다는 뜻.

태백촉월/太白捉月

이백(李白)이 채석(采石)에서 술에 만취하여 물 속의 달을 잡으려다 죽은 일.

태산북두/泰山北斗

태산과 북두성으로, 세상 사람으로부터 가장 존경을 받는 사람을 가리킨다.

태연자약/泰然自若

마음에 무슨 충동을 받아도 움직임 없이 천연스러움.

태평연월/太平烟月

편안하고 안락한 세월.

택피창생/澤被蒼生

덕택(德澤)이 모든 백성에게 미침.

토각/兎角

토끼에 뿔이 났다는 뜻으로, 세상에 있을 수 없는 일을 이름.

토미양화/土美養禾

고운 흙은 벼를 잘 기른다는 뜻으로, 어진 임금은 인재를 잘 기름을 비유한 말.

토붕와해/土崩瓦解

큰 흙덩이가 무너지거나 기와가 부서져 버림 같이, 일이나 물건이 산산이 흩어져서 수습할 수 없는 혼란에 빠짐을 이르는 말.

토사구팽/兎死狗烹

토끼 사냥이 끝나면 사냥개는 잡아 먹힌다는 뜻으로, 쓸모 있는 동안에는 부림을 당하다가 소용이 다하면 버림을 받는다는 말.

토사호비/兎死狐悲

토끼의 죽음을 여우가 슬퍼한다는 말로, 남의 처지를 보고 자기 신세를 헤아려 동류(同類)의 슬픔을 서러워한다는 뜻.

토영삼굴/兎營三窟

토끼가 위난(危難)을 피하기 위해 세 개의 굴을 파놓는다는 뜻으

로, 자신의 안전을 위하여 미리 피할 방책을 몇 가지 짜놓음을
이르는 말.

토진간담/吐盡肝膽
솔직한 심정을 숨김없이 모두 말함.

통가지의/通家之誼
절친한 친구 사이에 친척처럼 내외를 트고 지내는 정의.

통소불매/通宵不寐
밤새도록 잠이 들지 않음.

통양상관/痛痒相關
서로 매우 가까이 지내는 사이.

통운망극/痛隕罔極
그지없이 슬픔.

통입골수/痛入骨髓
원통한 일이 깊이 사무쳐 골수에 맺힘.

통천지수/通天之數
하늘에 통하는 운수라는 뜻에서, 더할 나위 없이 좋은 운수를 이
르는 말.

통한/痛恨
몹시 한탄함.

퇴고/推敲
밀고 두드린다는 뜻으로, 시문(詩文)을 지을 때 자구(字句)를 여
러 번 생각하여 고침을 이르는 말.

퇴양군자/退讓君子
성품이 겸손하여 남에게 사양(辭讓)을 잘하는 군자.

투과득경/投瓜得瓊
변변치 않은 물건을 선사하고 후한 반례(返禮)를 받았을 때 이르

는 말.

투이주병/鬪而鑄兵
전쟁이 터진 뒤에 무기를 만든다는 뜻으로, 때를 잃었음을 이름.

투저의/投杼疑
여러 번 말을 들으면 곧이듣게 된다는 말.

투편단류/投鞭斷流
대군의 채찍만으로도 강의 흐름을 막을 수 있다는 말로, 병력의 막대함을 가리킴.

투필반무/投筆反武
문필(文筆)을 던져 버리고 다시 무관(武官)으로 돌아간다는 말.

투필성자/投筆成字
글씨에 능한 사람은 정신을 들이지 않고 붓을 아무렇게나 던져도 글씨가 잘된다는 말.

투합구동/偸合苟同
남에게 영합함을 이름.

투합취용/偸合取容
남에게 영합하여 자기 한몸이 받아들여지기를 바란다는 말.

투현질능/妬賢嫉能
어진 사람을 미워하고 재능있는 사람을 시기한다는 말.

특립독행/特立獨行
세속에 따르지 않고 스스로 믿는 바에 의해 진퇴함. 남에게 굴하여 따르지 않고 자신의 소신대로 함.

ㅍ

파경지탄/破鏡之歎

부부 사이의 영원한 이별을 서러워하는 탄식.

파계무참/破戒無慙

계율을 어기면서 부끄러워함이 없음.

파과지년/破瓜之年

여자 나이 16세를 말하며, 또 남자의 64세를 가리키기도 한다.

파기상접/破器相接

깨어진 그릇을 도로 붙이려 한다는 뜻으로, 이미 그릇되어 다시
는 바로 잡을 수 없는 일을 가지고 그것을 다시 붙이려고 애쓴다
는 말.

파란중첩/波瀾重疊

일의 진행에 여러 가지의 변화와 난관이 많음.

파안대소/破顔大笑

얼굴에 매우 즐거운 표정을 지어 크게 한바탕 웃음.

파옥수간/破屋數間

허물어지고 협소한 집.

파죽지세/破竹之勢

대나무를 쪼개는 듯한 기세로, 즉 세력이 강대하여 대적을 거침
없이 물리치고 쳐들어가는 기세를 말.

파천/播遷

　임금이 도성을 떠나 딴 곳으로 피란함.

파천황/破天荒

　천황(天荒)이란 천지가 아직 열리지 않은 때의 혼돈한 상태이며, 이것을 찢어 버리고 새로운 세상을 만든다는 뜻으로, 이전에 아무도 하지 못한 큰일을 처음 시작함.

판상주환/阪上走丸

　기세에 편승하여 향(向)함을 이름.

팔면부지/八面不知

　어떤 점으로 보든지 전혀 알지 못하는 낯모르는 사람.

팔면육비/八面六臂

　여덟 개의 얼굴과 여섯 개의 팔. 언제 어디서 어떤 일을 당하더라도, 묘하게 처리해 내는 수완과 역량을 가진 사람을 이르는 말.

팔방미인/八方美人

　①어느 모로 보나 아름다운 사람. ②누구에게나 잘 보이려고 처세를 잘 하는 사람. ③여러 방면의 일에 능통한 사람.

팔불취/八不取

　아무 데도 쓸모 없는 어리석은 사람이란 뜻. 흔히들 팔불출(八不出)이라 함.

팔자춘산/八字春山

　미인의 고운 눈썹을 이르는 말.

팔진성찬/八珍盛饌

　여러 가지 이름난 맛있는 음식을 다 갖춘 성찬.

패가망신/敗家亡身

　집안의 재산을 탕진하고 몸을 망침.

패군지장/敗軍之將

싸움에 진 장수로, 실패하여 면목없게 된 사람이란 뜻.

패기발발/霸氣勃勃

①성격이 진취적이고 패기가 한창 일어나는 모양. ②모험이나 투
기를 좋아하는 마음.

패망쇠미/敗亡衰微

패망하여 쇠미함.

패설/稗說

가설항담(街說巷談)·기담이문(奇談異聞) 등 세상에 떠돌아다니
는 교훈적, 건설적 및 세속적인 기이한 내용의 이야기.

패표착풍/佩瓢捉風

성사가 되지 않을 것을 뻔히 알면서도 헛되이 하려 함의 비유.

팽두이숙/烹頭耳熟

머리를 삶으면 귀까지 익는다는 뜻으로, 중요한 것만 해결하고
나면 나머지는 저절로 해결됨.

편고지역/偏苦之役

남보다 괴로움을 많이 받으며 하는 일.

편모시하/偏母侍下

편모를 모시고 있는 처지.

편편옥토/片片沃土

어느 논밭이나 모두 다 비옥함.

평기허심/平氣虛心

심기를 조용하게 가져 잡념을 없앰.

평단지기/平旦之氣

새벽녘의 청명한 기운.

평수/萍水

물 위에 뜬 개구리밥이라는 뜻으로, 이리저리 정처 없이 떠돌아

다님을 비유.

평윤지사/平允之士

공평 성실한 사람.

평이담백/平易淡白

마음이 고요하고 이욕(利慾)의 생각이 없음.

평지낙상/平地落傷

평평한 땅에서 넘어져 몸을 상하였다는 뜻으로, 안전한 데서 뜻하지 않은 불행한 일을 당함을 이름.

평지돌출/平地突出

①평지에 산이 우뚝 솟음. ②훌륭하지 못한 집에서 뛰어난 사람이 생김을 비유.

폐침망찬/廢寢忘餐

침식을 잊고 일에 몰두함.

폐호선생/閉戶先生

문을 닫고 학문에만 열중하는 선생.

포고발심/怖苦發心

세상의 고통이 무서워서 진리를 찾을 마음을 펴냄.

포기재/抱奇才

비범한 천재를 지니고 있는 것.

포난생음욕/飽煖生淫欲

편안하게 잘 살면 방탕하여진다는 말.

포락지형/炮烙之刑

죄인을 통째로 구워 죽이는 형벌로, 은나라 주왕이 만든 것으로 불에 달군 쇠 위를 맨발로 걸어가게 하는 형벌을 말한다.

포류지자/蒲柳之姿

스스로 몸의 허약함을 이르는 말.

포만무례/暴慢無禮

　하는 짓이 사납고 거만하여 무례함.

포문이염도/飽聞而厭道

　세상에 너무 많이 알려짐을 이름.

포복절도/抱腹絶倒

　배를 움켜쥐고 몸을 가누지 못할 정도로 몹시 웃음.

포식난의/飽食暖衣

　①배불리 먹고 따뜻이 옷을 입는다는 뜻으로, 근심 없이 편안히 삶을 뜻하는 말. ②지나치게 편안한 것은 패륜(悖倫)을 낳는다는 경계의 뜻으로도 쓰임.

포의지교/布衣之交

　①가난할 때 사귄 교분. ②벼슬을 하지 않을 때의 사귐을 이르는 말.

포의한사/布衣寒士

　벼슬이 없는 가난한 선비.

포장화심/包藏禍心

　남을 해칠 마음을 품음.

포저감장입/苞苴甘醬入

　꾸러미에 단 장이 들었다는 말.

포탄희량/抱炭希涼

　불을 가지고 있으면서 선선하기를 원함이니 행하는 일과 원하는 일이 서로 맞지 않음을 이르는 말.

포풍착영/捕風捉影

　바람을 잡고 그림자를 붙든다는 뜻에서 허망한 언행을 이르는 말.

포호빙하/暴虎憑河

맨주먹으로 호랑이를 잡고 걸어서 황하를 건넌다는 뜻으로, 용기는 있으나 무모함을 비유한 말.

포호함포/咆虎陷浦

큰소리치던 사람이 실수함을 이름.

표리부동/表裏不同

마음씨가 음흉해서 겉과 속이 다름.

표리산하/表裏山河

강을 밖으로 하고 산을 안으로 함. 험준한 땅에 의지하여 적을 몰아냄.

표사유피 인사유명/豹死留皮人死留名

범은 죽어서 가죽을 남기고 사람은 죽어서 이름을 남긴다는 뜻으로, 짐승도 가죽을 남겨 세상에 이익을 주는데 하물며 사람은 더욱더 훌륭한 일을 해 좋은 이름을 남겨야 한다는 말.

표이출지/表而出之

겉으로 두드러지게 드러나거나 드러냄.

표표정정/表表亭亭

얼핏 눈에 띄도록 우뚝하여 두드러짐.

품성불가개/稟性不可改

타고난 성품은 고칠 수 없다는 뜻으로, 성품이 변화하기 어려운 것을 이름.

풍거운요/風擧雲搖

바람 또는 구름이 움직임과 같이 이곳 저곳을 두루 다니는 것을 이름.

풍광명미/風光明媚

산수의 경치가 맑고 아름다움.

풍년화자/豊年化子

풍년 거지.

풍류남자/風流男子

풍치가 있고 멋스럽게 지내는 남자.

풍마우세/風磨雨洗

바람에 갈리고 비에 씻긴다는 뜻으로, 한데 드러나 있다는 말.

풍사재하/風斯在下

높은 곳에 오름을 이름. 새가 높이 날 때는 바람은 그 밑에 있다는 말.

풍상지임/風霜之任

엄엄하고 기강한 임무.

풍성학려/風聲鶴唳

바람소리와 학의 울음이라는 뜻으로, 겁을 먹은 사람이 하찮은 일에도 놀라는 것을 가리키는 말.

풍수지탄/風樹之嘆

나무가 조용해지려고 하나 바람이 자지 않음을 한탄한다는 뜻으로, 부모에게 효도를 하려고 하나 이미 돌아가시고 안 계심을 한탄한다는 뜻.

풍우대작/風雨大作

바람이 몹시 불고 비가 많이 옴.

풍우처처/風雨凄凄

바람이 불고 비 내려 쓸쓸함을 이름.

풍운어수/風雲魚水

바람과 구름과 고기와 물이라는 뜻으로, 곧 임금과 신하의 아주 가까운 사이를 비유하여 이르는 말.

풍운지기/風雲之器

사변을 당하여 공명을 세우는 사람.

풍월주인/風月主人

청풍명월과 같은 자연을 즐기는 사람.

풍의포식/豊衣飽食

의식이 충분한 것.

풍전등화/風前燈火

바람 앞에 켠 등불이란 뜻으로, ①사물이 오래 견디지 못하고 몹시 위급한 자리에 놓여 있거나 존망에 관계되는 아주 위험한 상태를 이르는 말. ②사물의 덧없음을 이르는 말.

풍전지진/風前之塵

바람 앞의 먼지라는 뜻으로, 사물의 변화가 덧없음을 비유한 말.

풍찬노숙/風餐露宿

바람과 이슬을 무릅쓰고 한 데서 먹고 잔다는 뜻으로, 떠돌아다니며 고생스러운 생활을 함의 비유.

피일시차일시/彼一時此一時

그때나 지금이나 마찬가지라는 뜻.

피장봉호/避獐逢虎

노루를 피하다가 범을 만났다는 뜻으로, 작은 해를 피하려다 재앙을 당함.

피재피재/彼哉彼哉

경멸하여 소외하는 뜻.

필부필부/匹夫匹婦

서민의 부부를 말하는 것으로 일반 평민을 뜻하는 말.

필부지용/匹夫之勇

소인이 깊은 생각 없이 혈기만 믿고 대드는 용기를 말하는 것으로, 앞뒤 분별없이 마구 행동하는 것을 일컫는 말.

필사내이/必死乃已

틀림없이 죽음. 살아날 길이 없음.

필욕감심(必欲甘心

품은 원한을 기어코 풀고자 애씀.

필유곡절/必有曲折

꼭 무슨 까닭이 있음.

필지어서/筆之於書

다짐을 두거나 또는 잊어버리지 않기 위하여 글로 써둠.

ㅎ

하갈동구/夏葛冬裘

여름의 서늘한 베옷과 겨울의 따뜻한 옷. 곧 격(格)에 맞음을 이르는 말.

하견지만/何見之晚

견(見)은 식견. 깨달음이 늦음을 이름.

하당복지/下堂伏地

윗사람에게 존경의 뜻으로 아랫사람이 방이나 마루에서 뜰 아래에 내려와 땅에 엎드림.

하당지우/下堂之憂

낙상하여 앓음을 이르는 말.

하동삼봉/河東三鳳

남의 형제를 칭찬하는 일.

하량별/河梁別

사람과 작별하는 것을 말함.

하로동선/夏爐冬扇

여름의 화로와 겨울의 부채라는 뜻으로, 쓸모 없는 재능을 말함.

하류지배/下流之輩

하류 사회에 속하는 사람을 천하게 이르는 말.

하불실/下不失

아무리 적어도 적은 그 정도의 희망은 있음.

하불암유/瑕不揜瑜

일부분의 흠으로 말미암아 전체를 해하지 못한다는 뜻.

하석상대/下石上臺

아랫돌을 빼서 윗돌에 괴고 윗돌을 빼서 아랫돌에 괸다는 말로, 곧 임시변통으로 이리저리 둘러맞추어 겨우 버텨 나감을 일컬음.

하어지질/河魚之疾

복통을 달리 이르는 말.

하운기봉/夏雲奇峰

산봉우리같이 기이하게 솟아오른 여름철의 구름.

하원지유/何遠之有

피차 사이가 극히 가까움을 이름.

하육처자/下育妻子

아래로 아내와 자식을 기름.

하이위지/何以爲之

뜻밖에 얻음을 이르는 말.

하필성장/下筆成章

붓을 댔다 놓으면 문장이 된다는 뜻으로, 글 짓는 재주가 빠르고 뛰어남을 비유함.

하학상달/下學上達

낮고 쉬운 것에서부터 배워 어렵고 깊은 것을 깨달아 안다는 뜻.

하한기언/河漢其言

심원하여 뜻을 알기 힘든 말.

하한지언/河漢之言

은하수가 멀고 멀어서 끝이 없듯이 한없이 길어서 끝이 없는 말.

하해지택/河海之澤

큰 강이나 바다와 같은 은택이라는 뜻으로, 몹시 넓은 덕택을 비유하여 이르는 말.

하후상박/下厚上薄
아랫사람에게 후하고 윗사람에게 박함.

하후하박/何厚何薄
어느 쪽은 후하고 다른 쪽은 박하게 함.

학구소붕/鷽鳩笑鵬
비둘기와 같이 작은 새가 큰 붕새를 보고 웃는다는 뜻으로, 되지 못한 소인이 위인의 업적과 행위를 보고 비웃음을 비유.

학수고대/鶴首苦待
학의 목처럼 목을 길게 늘여 기다린다는 뜻으로, 간절하게 기다림을 이르는 말.

학여불급/學如不及
학문을 언제나 모자란 듯이 여겨 쉬지 않고 노력해야 한다는 뜻.

학우고훈/學于古訓
옛 성왕들의 가르침을 공부하는 것.

학이지지/學而知之
배워서 앎.

한강투석/漢江投石
한강에 돌을 던진다는 뜻으로, 너무 미미하여 전혀 효과가 없음을 이르는 말.

한단지몽/邯鄲之夢
한단이란 지방에서 꾼 꿈으로, 인생과 영화의 덧없음을 비유하는 말.

한단지보/邯鄲之步
조나라 한단 사람들의 걸음걸이를 배운다는 뜻으로, 자기의 본분을 잊고 함부로 남의 흉내를 내면 두 가지 다 잃는다는 뜻.

한담객설/閑談客說

심심풀이로 하는 군말.

한량음식/閑良飮食

매우 시장하여 함부로 먹어댄다는 말.

한불조지/恨不早知

(일의 기틀을) 미리 알지 못한 것을 뉘우침.

한송천장절/寒松千丈節

세한(歲寒)에도 절개를 변치 않는 송백의 절개를 말함.

한왕서래/寒往暑來

세월이 흘러감을 말함.

한우충동/汗牛充棟

짐으로 실으면 소가 땀을 흘릴 정도의 무게이고, 쌓으면 들보에 닿을 정도란 뜻으로, 책이 아주 많음을 이르는 말.

한인물입/閒人勿入

일 없이 들어오지 말라는 뜻.

한입골수/恨入骨髓

원한이 뼈에 사무침.

한중망/閑中忙

한가한 가운데에도 바쁨.

한화휴제/閑話休題

쓸데 없는 이야기는 그만두라는 뜻으로, 어떤 내용을 써내려 갈 때 한동안 다른 내용으로 쓰다가 다시 본론으로 돌아갈 때 이르는 말.

할고충복/割股充腹

공복을 채우기 위해 허벅지의 살을 베어 먹는다는 뜻으로, 한때만 면하려는 어리석은 잔꾀의 비유.

할반지통/割半之痛

몸의 반쪽을 베어내는 고통이라는 뜻. 형제나 자매가 죽은 슬픔의 비유.

할육충복/割肉充腹

제 살을 베어서 배를 채운다는 뜻으로, 혈족의 재물을 빼앗아서 제가 먹어 없애는 것을 이름.

함구무언/緘口無言

입을 다물고 아무런 말이 없음.

함분축원/含憤蓄怨

분을 품고 원한을 쌓음.

함소입지/含笑入地

①안심하고 죽는다는 뜻. ②충신이 죽음 앞에 태연하거나 아무 두려움 없이 사지에 뛰어들음의 비유.

함양훈도/涵養薰陶

사람을 교도하여 재덕을 이루게 함.

합자이지시/合者離之始

만나고 헤어짐은 도리이며, 곧 만난다는 것은 이별의 바탕이 된다는 말.

합포주환/合浦珠還

선정(善政)을 시행(施行)하면 백성(百姓)이 모여온다는 뜻. 합포는 구슬의 명산지, 즉 선정을 함으로써 없어졌던 구슬까지 돌아왔다는 고사.

항다반사/恒茶飯事

항상 있는 일이라 이상하거나 신통할 것이 없는 일.

항려지년/伉儷之年

장가들고 시집갈 나이.

항쇄족쇄/項鎖足鎖

　죄인을 단단히 잡 죄기 위하여 목에는 칼을 씌우고 발에는 족쇄나 차꼬를 채움.

해로동혈/偕老同穴

　부부가 한평생 같이 지내며 같이 늙고 죽어서는 같은 무덤에 묻힌다는 뜻으로, 부부 사랑의 굳은 맹세를 이르는 말.

해물지심/害物之心

　물건을 해치려는 마음.

행로병자/行路病者

　한 길가에 쓰러져 앓는 병자.

행로지인/行路之人

　오다가다 길에서 만나는 사람이라는 뜻으로, 아무 관계가 없는 사람을 이르는 말.

행부득지정/行不得之政

　행할지라도 이룰 수 없는 일.

행불유경/行不由徑

　행실(行實)이 바르다는 말.

행시주육/行尸走肉

　살아 있는 송장이요, 걸어 다니는 고깃덩이라는 말로, 배운 것이 없어 아무짝에도 쓸모가 없는 사람을 일컫는 말.

행운유수/行雲流水

　떠가는 구름과 흐르는 물처럼 일을 빨리 진행함.

행유여력/行有餘力

　일을 다하고도 오히려 힘이 남음.

행유여력학문/行有餘力學文

맡은 일을 끝내고 남은 시간에 글을 배움.

행이득면/倖而得免

요행히 벗어남.

행인지불행/幸人之不幸

남의 불행을 기뻐함.

행재요화/幸災樂禍

남이 재화(災禍)를 입음을 보고 좋아함.

행차모지/行且謨之

일을 처리해 가면서 적당한 수단을 씀.

향국지성/向國之誠

조국을 생각하는 정성.

향우지탄/向隅之歎

그 자리에 모인 많은 사람들이 다 즐거워하나 자기만은 구석을
향하여 한탄한다는 뜻으로, 좋은 때를 만나지 못하여 한탄하는
말.

허무맹랑/虛無孟浪

터무니없이 허황 되고 거짓되어 실상이 없음.

허심탄회/虛心坦懷

아무런 선입견 없이 솔직하게 속생각을 털어놓음.

허심평의/虛心平意

아무것도 생각지 않고 조용히 있는 것.

허연세월/虛延歲月

쓸데 없이 세월을 천연(遷延)함.

허위배설/虛位排設

제사 때에 신위(神位) 없이 제례를 베풂.

허장성세/虛張聲勢

실력은 없으면서 헛소문과 허세로만 떠벌림.

허허실실/虛虛實實

온갖 계책을 사용하여 상대방의 실(實)을 피하고 허(虛)를 노림.

허희자탄/歔欷自歎

한숨지으며 자기 스스로 탄식함.

혁세공경/赫世公卿

대대로 지내는 높은 벼슬아치.

혁혁지공/赫赫之功

빛나는 큰 공.

혁혁지광/赫赫之光

성명(盛名)이 세상(世上)에 빛나는 것을 이름.

혁혁지명/赫赫之名

널리 알려진 빛나는 명예.

현군고투/懸軍孤鬪

후방과의 연락도 없이 적지(敵地)에 깊숙이 들어가 원군(援軍) 없이 외롭게 싸움.

현두자고/懸頭刺股

머리를 노끈으로 묶어 높이 걸어 잠을 깨우고 또 허벅다리를 찔러 잠을 깨운다는 뜻으로, 학업에 매우 열중함을 이름.

현모양처/賢母良妻

어진 어머니이자 착한 아내.

현인군자/賢人君子

①현인(賢人)과 군자(君子). ②어진 사람을 두루 이르는 말.

현정만리지외/顯旌萬里之外

멀리 외국(外國)에 출정(出征)함을 이르는 말.

혈혈단신/孑孑單身

의지할 데 없는 외로운 홀몸.

형각도존/形殼徒存

드러나 보이는 겉껍데기만 남아 있음의 비유.

형단영척/形單影隻

아무 데도 의지할 곳 없이 몹시 외로움을 이르는 말.

형망제급/兄亡弟及

맏형이 아들이 없이 죽었을 때, 다음 아우가 맏형 대신으로 그 가통(家統)을 이음.

형불염경/形不厭輕

형벌은 무거운 것보다 차라리 가벼운 편이 좋다는 뜻.

형설지공/螢雪之功

눈빛과 반딧불의 힘을 빌려 공부하여 얻은 공이란 뜻으로, 갖은 고생을 하면서 공부하여 얻은 보람을 말한다.

형승지국/形勝之國

지세(地勢)가 매우 좋은 나라.

형영상조/形影相弔

자기의 몸과 그림자가 서로 불쌍히 여긴다는 뜻으로, 몹시 외로워 의지할 곳이 없음을 이르는 말.

형용고고/形容枯槁

모습이 초췌함을 이름.

형우제공/兄友弟恭

형제끼리 우애가 깊음.

형제불여우생/兄弟不如友生

형제는 안락무사(安樂無事)한 때에는 친구만 못하다는 말.

형제위수족/兄弟爲手足

형제 사이는 몸의 손발과 같아서 한번 자르면 다시 자기 것이 될 수 없으니 우애 있게 지내라고 이르는 말.

형제지국/兄弟之國

 사이가 썩 친밀하고 가까이 지내는 나라. 또는 혼인 관계를 이룬 나라.

형제혁장/兄弟鬩墻

 형제가 담 안에서 싸운다는 뜻. 같은 종족끼리 서로 다툼을 이르는 말.

호가호위/狐假虎威

 여우가 호랑이의 힘을 빌려 제 위엄으로 삼는다는 말로, 남의 권세를 업고 위세를 부리는 것을 말한다.

호각지세/互角之勢

 서로 조금도 낫고 못함이 없는 위세.

호구지계/弧丘之戒

 호구의 경계라는 뜻으로, 다른 사람으로부터 원망을 사는 일이 없도록 하라는 말.

호기만장/豪氣萬丈

 호기로운 기세가 몹시 높음.

호당지풍/護黨之風

 당파들끼리 서로 감싸고 도는 기풍.

호령생풍/號令生風

 큰 소리로 꾸짖음을 비유한 말.

호리천리/毫釐千里

 처음에는 대단치 않은 것 같으나 나중에는 큰 차이가 생긴다는 뜻.

호말지리/毫末之利

 썩 작은 이익, 털끝 만한 이익.

호미난방/虎尾難放

잡았던 범의 꼬리를 놓기가 어렵다는 뜻으로, 위험한 일에 손을 대었다가 그대로 나가기도 어렵고 그만두기도 어려운 경우를 이르는 말.

호사다마/好事多魔

좋은 일에는 흔히 방해되는 일이 생김을 이르는 말.

호사불출문/好事不出門

좋은 일은 좀처럼 세상에 알려지지 않는다는 말.

호사수구/狐死首丘

여우는 평소에 구릉(丘陵)에다 굴을 파고 사는데 죽을 때도 구릉을 쳐다본다 함은, 근본을 잊지 않는다는 뜻으로, 근본을 잊음은 인자(仁者)의 마음이 아님을 이른 말.

호시탐탐/虎視耽耽

호랑이가 먹이를 노리어 눈을 부릅뜨고 노려본다는 뜻으로, ①공격이나 침략의 기회를 노림. ②야심을 이루고자 가만히 정세를 관망함.

호연지기/浩然之氣

①하늘과 땅 사이에 가득 찬, 넓고도 큰 원기. ②공명정대하여 조금도 부끄러울 것이 없는 도덕적 용기. ③사물에서 해방된 자유롭고 즐거운 마음.

호우호마/呼牛呼馬

남이야 무어라 하든 개의하지 아니함.

호의기건/縞衣綦巾

①여인의 옷이 누추함. ②가난한 살림에 찌든 자기처(自己妻)의 변변히 못한 옷차림을 말할 때 이름.

호이관/虎而冠

사람의 의관은 차렸으나 마음은 범과 같이 포악함을 이름.

호접지몽/胡蝶之夢

나비가 된 꿈을 꾸다라는 뜻으로, 나와 자연이 한 몸이 되어 물아일체 (物我一體)의 경지를 비유하는 데 쓰이며, 때로는 인생의 무상함을 비유하여 말하기도 한다.

호중천/壺中天

별천지, 별세계, 선경(仙境)의 뜻으로 쓰이는 말.

호질기의/護疾忌醫

자신에게 과오가 있으나 그 과오에 대한 남의 충고를 듣지 않음의 비유.

호천망극/昊天罔極

하늘이 드넓어 끝이 없음과 같이 어버이의 은혜가 크고 다함이 없음을 이르는 말.

호학근호지/好學近乎知

학문(學問)은 지(知)를 닦는 길이므로 학문을 즐기는 것 자체가 지자(智者)에 가깝다는 말.

호행난주/胡行亂走

함부로 날뛰며 이리저리 돌아다니거나 행동함.

호형호제/呼兄呼弟

서로가 형, 아우라고 부를 정도로 아주 가까운 사이.

호호망망/浩浩茫茫

바다, 호수 따위가 끝없이 넓고 멀어서 아득함.

혹세무민/惑世誣民

세상을 어지럽히고 백성을 속인다는 말.

혹시혹비/或是或非

혹은 옳기도 하고 혹은 그르기도 하여 옳고 그른 것이 질정(質定)

되지 못함.

혹전혹후/或前或後
어떤 때에는 앞서고 어떤 때에는 뒤서기도 함.

혼비백산/魂飛魄散
몹시 놀라 혼이 흩어지고 넋이 흩어짐.

혼연일치/渾然一致
행동이나 의식 등이 차이 없이 하나로 뭉친 상태.

혼정신성/昏定晨省
저녁에는 잠자리를 보아 드리고, 아침에는 문안 인사를 드림. 어버이를 섬기는 자식의 도리를 말함.

홀현홀몰/忽顯忽沒
홀연히 나타났다 홀연히 사라짐.

홍동백서/紅東白西
제사 지낼 때에 제상에 과물을 올려놓는 차례. 붉은 과실은 동쪽에, 흰 과실은 서쪽에 차리는 격식.

홍안박명/紅顔薄命
①얼굴빛이 도홍색(桃紅色)인 여자는 팔자가 사납다는 뜻으로 하는 말. ②썩 예쁜 여자는 팔자가 사납다는 뜻으로 하는 말.

홍안백발/紅顔白髮
나이 들어 머리는 세었으나 얼굴은 붉고 윤기가 돈다는 말.

홍일점/紅一點
푸른 잎 가운데 한 송이의 붉은 꽃이라는 뜻으로, 여럿 가운데서 뛰어난 하나를 가리킬 때 쓰이며, 많은 남자들 사이에 끼어 있는 한 사람의 여자를 가리키기도 한다.

홍진만장/紅塵萬丈
햇빛에 비치어 붉게 된 티끌이 높이 솟아오름.

화광충천/火光衝天

불이 일어나서 그 형세가 하늘을 찌를 듯이 몹시 사나움.

화기애애/和氣靄靄

여럿이 모인 자리에 온화한 기색이 차서 넘쳐 흐르는 모양.

화룡점정/畵龍點睛

용을 그린 뒤 마지막으로 눈동자를 그려 넣는다는 뜻으로, 사물의 가장 중요한 부분을 끝내어 완성시킴을 이르는 말.

화불단행/禍不單行

화(禍)는 혼자서 다니지 않는다는 뜻으로, 사람의 재앙은 언제나 겹쳐서 닥친다는 뜻.

화서지국/華胥之國

지극히 잘 다스려진 나라를 이르는 말.

화서지몽/華胥之夢

꿈에 화서국에서 놀았다는 뜻으로, 낮잠 또는 좋은 꿈을 이르는 말.

화씨지벽/和氏之璧

화씨가 발견한 구슬인 천하 명옥의 이름으로, 진리가 세상에 인정되지 않음을 한탄하는 뜻을 가지고 있다.

화양부동/花樣不同

꽃 모양이 같지 않음을 이름. 문장이 타인과 다른 것을 비유하는 말.

화여복린/禍如福鄰

화복(禍福)은 언제나 함께 따른다는 말.

화용월태/花容月態

꽃다운 얼굴과 달 같은 자태라는 뜻으로, 아름다운 여자의 고운 자태를 가리킴.

화이부동/和而不同

　남과 사이좋게 지내기는 하나, 무턱대고 한데 어울리지 않는 일.

화이부실/華而不實

　꽃은 피었으나 열매는 맺지 않는다는 뜻으로, 어떤 물건이나 사람이 겉보기에는 좋은 것 같으나 속은 텅 빈 것을 비유함에 쓰인다.

화자미이생/禍自微而生

　화(禍)는 사소한 일로부터 생겨 마침내는 몹시 큰 결과를 나타낸다는 말.

화전충화/花田衝火

　꽃밭에 불을 지른다는 뜻으로, 젊은이의 앞길을 막거나 그르쳐 줌을 비유.

화조풍월/花鳥風月

　①꽃과 새와 바람과 달을 이르는 말. ②천지간의 아름다운　경치. 풍류.

화종구생/禍從口生

　화가 되는 것은 입으로부터 나오니, 말을 삼가라는 뜻.

화중군자/花中君子

　꽃 중의 군자라는 뜻으로, 연꽃을 달리 이르는 말.

화중신선/花中神仙

　꽃 중의 신선이라는 뜻으로, 해당화(海棠花)를 달리 이르는 말.

화중지병/畵中之餠

　그림 속의 떡이라는 뜻으로, 실제로 아무 소용이 없는 것을 이름.

화풍감우/和風甘雨

　화창한 바람과 알맞은 비.

화풍난양/和風暖陽

화창한 바람과 따스한 햇볕.

화피만방/化被萬方

교화(敎化)가 널리 만방(萬邦)에 미침.

화호불성/畵虎不成

호랑이를 그리려다 강아지를 그린다는 뜻으로, 서투른 솜씨로
남의 언행을 흉내내려 하거나, 어려운 일을 하려 하여도 되지 않
음을 비유한 말.

확이충지/擴而充之

확장하여 충실하게 함. 확장하여 충족함.

확철부어/涸轍鮒魚

수레바퀴 자국에 괸 물에 있는 붕어란 뜻으로, 긴급히 원조를 필
요로 하는 경우나 몹시 고단하고 옹색함을 비유한 말.

확호불발/確乎不拔

몹시 든든하고 굳세어서 흔들리지 아니함.

환고일세/環顧一世

세상에 쓸 만한 사람이 없음을 탄식함을 이르는 말.

환과고독/鰥寡孤獨

늙고 아내 없는 홀아비. 또는 늙고 남편 없는 과부, 고아, 늙어 자
식 없는 사람을 가리킴.

환고자제/紈綺子弟

지위가 높고 귀한 집안의 자제.

환골탈태/換骨奪胎

뼈대를 바꿔 끼고 태(胎)를 바꿔 쓴다는 뜻으로, 고인(古人)이
지은 시문(詩文)의 취의를 취하여 어구(語句)나 결구(結句)만을
바꾸어 자신의 작품처럼 꾸미는 것을 말한다.

환난상구/患難相求

환난이 생겼을 때 서로 구하여 줌.

환난상사/患難相死

환난이 있을 때 서로 목숨을 내놓고 구제(救濟)하는 것.

환득환실/患得患失

물건이나 권세나 지위 같은 것을 얻기 전에는 그것을 얻으려고 걱정하고 얻은 후에는 그것을 잃지 않으려고 걱정함.

환천희지/歡天喜地

하늘이 즐기고 땅이 기뻐한다는 뜻으로, 몹시 기뻐하고 즐김을 이르는 말.

환호작약/歡呼雀躍

기뻐서 소리치며 날뜀.

활인적덕/活人積德

사람의 목숨을 구원하여 음덕(陰德)을 쌓음.

황공무지/惶恐無地

몸가짐이나 몸둘 바를 모르게 매우 황공함.

황구소아/黃口小兒

참새 새끼의 주둥이가 황색(黃色)이므로 어린아이를 일컬음.

황구유치/黃口乳齒

어려서 아직 젖내가 난다는 뜻으로, 남을 어리고 하잘것없다고 욕하는 말.

황당무계/荒唐無稽

말과 행동이 허황되어 믿을 수가 없음.

황당지언/荒唐之言

허황(虛荒)한 말. 터무니 없는 말.

황무사색/黃霧四塞

누런빛의 안개가 천지 사방에 가득 차 있는 것.

황연여격세/恍然如隔世

　황홀(恍惚)하여 별세계(別世界)에 있는 것과 같은 심경(心境)임을
이름.

황음무도/荒淫無道

　주색(酒色)에 빠져 사람으로서 마땅히 할 도리(道理)를 돌아보지
아니함.

황중내윤/黃中內潤

　재덕(才德)을 깊이 감추고 겉으로 나타내지 않음.

황포가신/黃袍加身

　황포를 몸에 둘러주다라는 뜻으로, 천자가 된다는 말.

황홀난측/恍惚難測

　황홀하여 헤아리기 어려움.

황황망조/遑遑罔措

　황황하여 어찌할 줄을 모르고 갈팡질팡함.

회과자책/悔過自責

　잘못을 뉘우쳐 스스로 책망함.

회벽유죄/懷璧有罪

　죄가 없는 사람이 보옥을 가지고 있기 때문에 죄인으로 몰리는
경우를 뜻하는 것으로, 신분에 어울리지 않는 것을 가지면 재앙
을 부르기 쉽다는 말.

회빈작주/回賓作主

　남의 의견이나 주장을 무시하거나 주장하는 사람을 제쳐놓고 제
멋대로 일을 처리하거나, 방자하게 구는 일을 두고 하는 말.

회설수/回雪袖

　춤추는 모양의 묘절(妙絶)함을 이름.

회인불권/誨人不倦

사람을 조금도 권태를 느끼지 않고 성심 성의로 교회(敎誨)함.

회자/膾炙

고기를 회친 것과 고기를 구운 것이라는 뜻으로, 누구나 맛있다 하는 것이므로 글귀가 널리 사람의 입에 오르내림을 뜻함.

회자정리/會者定離

만나면 반드시 헤어지게 마련이니 세상 만사의 무상(無常)함을 이름.

회피부득/回避不得

일을 하지 않으려고 피하려 하나 피할 수가 없음.

횡래지액/橫來之厄

뜻밖에 당하게 되는 재액.

횡설수설/橫說竪說

조리가 없는 말을 되는 대로 이러쿵저러쿵 지껄임.

횡초지공/橫草之功

싸움터의 풀을 가로 쓰러뜨린 공이란 뜻으로, 전쟁터에 나아가 크게 세운 공로를 이르는 말.

횡행천하/橫行天下

세상에서 제멋대로 날뜀.

효빈/效顰

쓸데없이 남의 흉내를 내어 세상의 웃음거리가 되는 것을 말한다.

효시/嚆矢

사물의 처음을 뜻하므로, 옛날 군진(軍陳)에서는 제일 처음에 울리는 화살을 쏘아 전쟁을 시작하였다는 데서 나온 말.

효학반/斅學半

남에게 학문을 가르치는 일은 자기에게도 학력을 더하는 이익이 된다는 말.

후덕군자/厚德君子

덕행(德行)이 두텁고 점잖은 사람.

후생가외/後生可畏

후배 제자들은 가히 두려운 존재라는 말.

후설지관/喉舌之官

임금의 명령을 아래로 전달한다는 뜻으로, 즉 재상(宰相)을 이름.

후설지신/喉舌之臣

왕명 출납(王命出納)과 정부의 중대한 언론을 맡았다는 뜻으로, 승지(承旨)의 직임(職任)을 이르는 말.

후시지탄/後時之嘆

기회를 놓쳐 안타깝다는 뜻.

후안무치/厚顔無恥

뻔뻔스럽고 부끄러워함이 없음.

훈이향자소/薰以香自燒

재주 있는 자는 그 재주 때문에 스스로 몸을 망침을 비유한 말.

훈지상화/壎篪相和

고전 악기인 훈(壎)이 부르면 지(篪)가 화답한다는 뜻으로, 형제 간의 화목함을 비유.

훼장삼척/喙長三尺

허물이 드러나서 감출래야 감출 수가 없음을 이르는 말.

휘지비지/諱之秘之

남을 꺼리어 우물쭈물 얼버무려 대충 넘김.

흉중생진/胸中生塵

사람을 잊지 않고 생각은 오래 하면서 만나지 못함.

흉충반흉/凶蟲反凶

가뜩이나 보기 싫은 것이 더 미운 짓을 하고 못되게 굴 때 이르
는 말.

흑두재상/黑頭宰相

젊은 재상을 말함.

흥망성쇠/興亡盛衰

흥하고 망하고 성하고 쇠함.

흥망치란/興亡治亂

나라가 흥하고 망하는 것과 잘 다스리는 세상과 어지러운 세상.

희대미문/稀代未聞

썩 드물어 좀처럼 듣지 못함.

희동안색/喜動顔色

기쁜빛이 얼굴에 드러남.

희로애락/喜怒哀樂

기쁨과 노염과 슬픔과 즐거움.

희불자승/喜不自勝

매우 기뻐서 어찌할 바를 모름.

희비애락/喜悲哀樂

기쁨과 슬픔과 애처로움과 즐거움.

희세지재/稀世之才

세상에 드문 재주.

희희호호/熙熙皞皞

백성의 생활이 몹시 즐겁고 화평함.

필독 고사성어사전

초판 1쇄 펴낸날·2001년 3월 30일

초판 3쇄 펴낸날·2005년 2월 10일

엮은이·송영주

펴낸이·배태수

펴낸곳·신라출판사

서울시 동대문구 제기동 1157-3 영진빌딩

전화·922-4735 / 팩스·922-4736

출판등록·1975년 5월 23일 제6-0216호

ISBN 89-7244-061-2   03380